从门罗宣言到威尔逊主义

文本与阐释

付文广　著

华东师范大学出版社

·上海·

图书在版编目（CIP）数据

从门罗宣言到威尔逊主义：文本与阐释/付文广著.
上海：华东师范大学出版社，2025. --（六点评论）.
ISBN 978-7-5760-6126-0

Ⅰ. D871. 29

中国国家版本馆 CIP 数据核字第 2025W39H13 号

华东师范大学出版社六点分社

企划人 倪为国

六点评论

从门罗宣言到威尔逊主义：文本与阐释

著　　者　付文广
责任编辑　彭文曼
责任校对　古　冈
封面设计　吴元瑛

出版发行　华东师范大学出版社
社　　址　上海市中山北路 3663 号　邮编　200062
网　　址　www. ecnupress. com. cn
电　　话　021 - 60821666　行政传真　021 - 62572105
客服电话　021 - 62865537　门市（邮购）电话　021 - 62869887
地　　址　上海市中山北路 3663 号华东师范大学校内先锋路口
网　　店　http://hdsdcbs. tmall. com

印刷者　上海景条印刷有限公司
开　　本　889×1194　1/32
印　　张　7.75
字　　数　135 千字
版　　次　2025 年 8 月第 1 版
印　　次　2025 年 8 月第 1 次
书　　号　ISBN 978-7-5760-6126-0
定　　价　59.80 元

出版人　王　焰

关注中国问题
重铸中国故事

缘　　起

　　在思想史上，"犹太人"一直作为一个"问题"横贯在我们的面前，成为人们众多问题的思考线索。在当下三千年未有之大变局中，最突显的"中国人"也已成为一个"问题"，摆在世界面前，成为众说纷纭的对象。随着中国的崛起强盛，这个问题将日趋突出、尖锐。无论你是什么立场，这是未来几代人必须承受且重负的。究其因，简言之：中国人站起来了！

　　百年来，中国人"落后挨打"的切肤经验，使我们许多人确信一个"普世神话"：中国"东亚病夫"的身子骨只能从西方的"药铺"抓药，方可自信长大成人。于是，我们在技术进步中选择了"被奴役"，我们在绝对的娱乐化中接受"民主"，我们在大众的唾沫中享受"自由"。今日乃是技术图景之世界,我们所拥有的东西比任何一个时代要多,但我们丢失的东西也不会比任何一个时代少。我们站起来的身子结实了,但我们的头颅依旧无法昂起。

中国有个神话,叫《西游记》。说的是师徒四人,历尽劫波,赴西天"取经"之事。这个神话的"微言大义":取经不易,一路上,妖魔鬼怪,层出不穷;取真经更难,征途中,真真假假,迷惑不绝。当下之中国实乃在"取经"之途,正所谓"敢问路在何方"?

取"经"自然为了念"经",念经当然为了修成"正果"。问题是:我们渴望修成的"正果"是什么? 我们需要什么"经"? 从哪里"取经"? 取什么"经"? 念什么"经"? 这自然攸关我们这个国家崛起之旅、我们这个民族复兴之路。

清理、辨析我们的思想食谱,在纷繁的思想光谱中,寻找中国人的"底色",重铸中国的"故事",关注中国的"问题",这是我们所期待的,也是"六点评论"旨趣所在。

点　点

2011. 8. 10

Contents 目录

1 弁 言
Preface

6 第一章 1823 年"门罗咨文" 义理发凡
Chapter 1 Exposition of the Meanings of Monroe's Message of 1823

6 引子
Introduction

12 一、体例、修辞与逻辑进路
Style, Rhetoric, and Logical Approaches

20 二、西半球·亚美利加大陆、空间政治与"地理道德"
The Western Hemisphere * the Americas, Space Politics, and "Moralidad Geográfica"

27 三、历史方位与外交规范(律令)
Historical Position and Diplomatic Norms (Rules)

33 四、余论:门罗咨文的政治史学
Conclusion: Political History of Monroe's Message

36 第二章 青萍之末:美国对外干预法权学说的起源与演进(上)
Chapter 2 Beginning and Source: the Origins and Evolution of the Jurisprudence of American Foreign Intervention (Part I)

36 引子
Introduction

42 一、门罗主义与美国对外干预思想的起源
Monroe Doctrine and the Origin of American Foreign Intervention Thoughts

48 二、19 世纪后期对外干预思想的继续发展
The Continued Development of Foreign Intervention Thoughts in the Late 19th Century

76   **第三章　支配世界：美国对外干预法权学说的起源与演进（下）**

Chapter 3 Dominating the World: The Origins and Evolution of the Jurisprudence of American Foreign Intervention (Part Ⅱ)

76   一、"罗斯福推论"与"国际警察权"学说

The "Roosevelt Corollary" and the Theory of "International Police Power"

91   二、威尔逊主义与美国作为"导师"的干预权利

Wilsonianism and the Us's Right to Intervene as a "Mentor"

119   三、余论：美利坚民族主义与对外干预

Conclusion: American Nationalism and Foreign Intervention

124   **第四章　世纪变局：门罗主义大辩论的缘起和展开（1895—1900）**

Chapter 4 The Century of Sea Change: The Origins and Development of the Monroe Doctrine Debate (1895—1900)

124   引子

Introduction

127   一、委内瑞拉危机与激辩古典"门罗主义"

The Venezuelan Crisis and the Debate Over Classical "Monroe Doctrine"

140   二、吞并菲律宾与新旧"门罗主义"观交锋

The Annexation of the Philippines Pitted the New and Old Monroe Doctrine Views Against Each Other

156   **第五章　门罗主义大辩论与亚美利加的重塑和再定位（1900—1920）**

Chapter 5 The Monroe Doctrine Debate and the Reinterpreting and Repositioning of the "America" (1900—1920)

156   一、"罗斯福推论"与美国—欧洲—南美政治关系的再校准

"The Roosevelt Corollary" and the Realignment of U. S. -Europe

-South American Political Relations

163　二、伍德罗·威尔逊与作为"世界政策"的门罗主义
Woodrow Wilson and Monroe Doctrine as "World Policy"

181　三、余论:作为意义解释框架的门罗主义
Conclusion: Monroe Doctrine as a Framework For Meaning Interpretation

----

187　结语　美国"世界政策"的两次奠基
Conclusion　The two Foundations of American "World Policy"

191　附录一　詹姆斯·门罗总统致国会的咨文
（1823年12月2日）
Appendix I　President James Monroe's Message to Congress on December 2, 1823

208　附录二　威尔逊总统致国会的演说（1917年
1月22日）
Appendix II　President Wilson's Address to Congress on January 22, 1917

217　附录三　威尔逊总统提请参议院批准《凡尔
赛和约》的讲话（1919年7月10日）
Appendix III　President Wilson's Address to the Senate Requesting Approval of the Treaty of Versailles on July 10, 1919

232　后记
Postscript

弁　言

　　2014 年 5 月 28 日,时任美国总统奥巴马在西点军校毕业典礼上发表演讲,声称"美国还要领导世界一百年"。争论 21世纪是"美国世纪"还是"中国世纪"本身没有实际意义——归根到底,这是需要时间来证明和回答的问题。但是,对当下的中国而言,由于美国业已将中国锁定为"头号战略竞争对手"——这意味着,包含国际秩序愿景在内的思想观念领域必将成为中美两大强国世纪交锋和"斗法"的终极场域;于是,接下来的问题就并非无关宏旨:究竟应当怎样认识美国这个"世界历史进入现代之后因历史的偶然而出现的新型政治体"对外行为的**观念基础**或**思想根源**? 甚至还可以继续追问:作为最典型的海洋性自由主义"理念型"政治体,美利坚合众国在世界历史上的**本质规定性**或**国家理由**(Raison d'état)究竟是什么?

　　必须承认,这是难度极大,甚至无从下手的问题。不过,幸运的是,前辈学者在这方面已作了有益探索,因而对该问题的破解并非无迹可寻。譬如,刘小枫教授在《美国行为的根源:出自政治史学的观察》一文中评论指出:

> 观察历史事件时,尤其应该关注同样属于事件要素的政治修辞,它反映了一个政治体(更不用说作为个体的政治人)的伦理品质……言辞也是一种政治行为。对于考察美国行为来说,这一史学原则尤为重要……①

依据笔者有限的阅读范围和浅薄的见解,窃以为,在美国对外关系史上,1823 年 12 月 2 日詹姆斯·门罗(James Monroe,1758—1831)总统向国会提交的年度咨文(其中有关外交政策的部分构成了后世所谓《门罗宣言》),伍德罗·威尔逊(Woodrow Wilson,1856—1924)总统于 1917 年 1 月 22 日在参议院发表关于"没有'胜利'的和平"演说(在演说中他建议"各国应一致地接受门罗总统的原则作为世界的原则"),以及他在 1919 年 7 月 10 日提请参议院批准《凡尔赛和约》的讲话,正是美国外交史上具有里程碑意义的政治修辞和重大思想事件。

诚然,在中国学界,对威尔逊外交思想的研究热度更高,成果也更加丰硕。原因不难理解——毕竟,是威尔逊而非其

---

① 刘小枫:《美国行为的根源——出自政治史学的观察》,《文化纵横》,2021 年第 4 期,第 19 页。

他人在定义 20 世纪以来美国与外部世界接触的条件方面发挥了最关键的作用。为此,美国著名学者弗兰克·宁科维奇(Frank Ninkovich)甚至将刚刚过去的 20 世纪指称为"威尔逊的世纪"。① 因此,除非美国霸权式微,威尔逊主义的主导性质和对威尔逊原则的运用在可预见的未来均看不到终结的迹象。

然而,正如威尔逊呼吁"世界各国应一致地接受门罗总统的原则作为世界的原则"那样,一定程度上,就连威尔逊主义本身也不过是门罗主义原初义理在特定时间—空间条件下的继承和发展——尽管二者内在的精神性联系并非总是能够一望即知。

说到底,正如美国学者霍夫施塔特(Richard Hofstadter, 1916—1970)提出的那样,设若"美国"本身是一种意识形态,②那么,无论门罗主义抑或威尔逊主义都仅仅是这种意识形态在外交和国际关系维度上的投影或映射而已。

当然,在纯粹学理的意义上,作为一个身份高度依赖文化表征实践的自由主义理念型政治体,深入探析"门罗主义"与"威尔逊主义"——其不仅仅是作为一个国家对利益的追求,也是作为政治体对身份的追求——等美国外交的话语实践,

---

① Frank A. Ninkovich, *The Wilsonian Century*: *U. S. Foreign Policy since 1900*, Chicago: University of Chicago Press, 1999.

② 霍氏的原话是:"作为一个国家,美国的命运不在于是否拥有意识形态,而在于其本身就是一种意识形态('It has been our fate as a nation not to have ideologies but to be one')。"转引自 Hans Kohn, *American Nationalism*: *An Interpretive Essay*, New York: The Macmillan Company, 1957, p. 13。

堪称"文化转向"潮流对本书在内的美国外交思想史研究的重要启迪之一。①

不过,相当诡异的是,鉴于美国在当代国际秩序构建中所占有的中心和霸权地位,在相当长时期内(至少在国内学界),前述具有世界历史意涵的政治文献并没有如预期那样得到较为通贯和整全的理解。例如,就门罗主义的研究而言,学界往往从政策宣言而非意识形态文件的角度解读;就威尔逊主义的研究而言,则更多关注1918年1月问世的"十四点计划"或威尔逊1917年4月向国会发表的宣战演说。

相应地,这种思想上的观照盲区导致的必然后果是:大体上,国内学界对美国外交的认知要么徘徊于政策、制度等器物层面,要么囿于解读和阐释当下即时或偶发性事件,却疏于关注美国对外关系中重大历史事件背后的观念哲学基础变迁及思维倾向性更替等长时段起作用的深层次要素。

1823年《门罗宣言》颁布至今,两个世纪过去了,距离1917年美国总统威尔逊发表致国会的演说也已百年有余。在中美大国博弈渐趋激烈和世界格局深刻变动的当下,反思美国领导下西方世界的文化霸权尤其是重思美利坚帝国从美洲走向全球的观念历程无疑给中国学界提出了紧迫的认识课题。为此,本书的着眼点在于聚焦门罗主义和威尔逊主义等美国对外关系的核心范畴,着重考察原初文本蕴含或承载的

---

① Marco Mariano, "Isolationism, internationalism and the Monroe Doctrine", *Journal of Transatlantic Studies*, Vol. 9, No. 1, March 2011, p. 45.

意识形态内容及观念结构,进而为梳理和辨析美利坚自由主义帝国发展演变的思想脉络及伦理品格,以及思考21世纪人类的政治处境和历史命运等终极性问题提供一个虽然渺小但或许并非全无价值的知识路标。

鉴于美利坚民族在文明渊源、思想谱系和制度逻辑等方面与西方世界特别是英国的亲缘性,以及美国作为自由主义霸权国对当代国际政治生活产生的深远影响,要真正达到对美国外交思想的融贯和整全理解,难度不言而喻。不仅如此,由于美国赖以奠基——遑论立国——的意识形态及观念内核从一开始就具有显著的普世及革命性意涵,故19世纪上半叶至20世纪初美国对外关系思想演进和嬗变的影响已经远远超出作为领土主权国家的美国自身。这些因素共同决定了,本书在问题意识、学术视野及现实关怀等方面与(以国别为单位的)传统外交史的研究均判然有别。

准确地说,本书的内容只是我近年来针对美国外交思想史若干思考断面的集合,因而很难称得上系统和完整。即便如此,将原本散见于各处的文字整合为著作(并借此机会对论文原文进行必要的修订和若干重要的补充),也有显而易见的好处,那就是相对清晰地展现本人近年来探研美国外交思想史的"非主流"思考轨迹、问题意识及心路历程。至于这种学术上的探索是否成功或真有价值,只能留待读者和时间评判了。

第一章　1823年"门罗咨文"义理发凡

门罗主义,就像两面神一样,有两张面孔。一张表示同情和喜爱,另一张表示傲慢和支配。

——"España en América," *La Epoca*, 24 October 1895.

引　子

(1823年)12月初一个异常寒冷的傍晚,门罗的信使戴着围巾和手套,骑着一匹漂亮的黑马沿着宾夕法尼亚大道行进……沿街的行人没有特别注意到他。诚然,没有人会猜到他夹在腋下的这份文件的重要性和历史意义。送信人的包裹里有几叠纸,上面有着几十个平淡无奇的段落,提到诸如邮政条例和税务之类的琐事。但这份文件也包含了改变美国外交程序、实践和未来数十年历史的文字……信使先去了参议院会议厅,接着又去了众议院会议厅,把包裹递给参议院议长(副总统,来自纽约州的丹尼尔·汤普金斯)和众议院议长(来自肯塔基州的亨利·克莱——辉格党创始人)。最后,信使转身走出国会大厦,重新上马,沿宾夕法尼亚大道原路返回……①

这段文字记述了1823年12月2日詹姆斯·门罗总统派遣信使向国会传递年度国情咨文——其中有关外交政策的部分构成了后世所谓《门罗宣言》——时平淡无奇的场景。

确实,仅仅从文字的表面意义来看,咨文的内容同样平淡乏味。这自然是再正常不过的事情。要知道,即便在咨文发表后近一代人的时间里,这份文件阐述的各项原则并未在公众中激起太大反响。例如,1828年出版的第一部美国外交史著作——《美国外交》(西奥多·莱曼著)——没有提到门罗咨文。即便到1848年,西沃德(Wiuiam Henry Seward,1801—1872)在为约翰·昆西·亚当斯(John Quincgy Adams,1767—1848)——门罗总统的国务卿和《宣言》最重要的幕后策划者——撰写的传记中还认为可以忽略这个问题。②

然而,随着时间推移,美国人对这份文件的态度逐渐有了改变。大致从19世纪50年代开始,Monroe Doctrine(门罗主

---

① Edward J. Renehan Jr., *The Monroe Doctrine: The Cornerstone of American Foreign Policy*, Chelsea House, 2007, pp. 2—4.

② 孔华润主编:《剑桥美国对外关系史(上)》,王琛等译,北京:新华出版社,2004年,第171页。

义)的表述正式出现,用来指称门罗总统 1823 年国情咨文中阐明的原则及后来对它的不断应用和重新解释中表达的原则;而 Doctrine 这个词的运用更是表明,"门罗主义"似乎开始具有某种特殊的宗教性质及神秘内涵,或至少受到了通常与宪法原则相等同的膜拜。①

在美国学术界,对"门罗主义"的评价向来不乏溢美之词。早在 1940 年代,历史学家德克斯特·珀金斯(Dexter Perkins)就称门罗的咨文是"所有国务文件中最重要的";查尔斯·芬威克(Charles Fenwick)称门罗主义是美国外交政策的"圣约方舟"(ark of the Convenant);格雷厄姆·斯图尔特(Graham Stuart)将其描述为国家外交的"至圣所"(the Holy of Holies);沃顿·摩尔(Walton Moore)认为"门罗主义虽然没有被写入宪法,但比宪法更具有根本性"。某种程度上,正因为门罗主义与美国社会的精神气质及美国对其他国家的看法完美契合,以至于它有时被直率地称为"美利坚主义"(the American doctrine)。②

尽管如此,与"门罗主义"相关的另一个重要事实依然是,20 世纪以来门罗主义的"存在理由"已至少五次被"合乎情理"地宣告"终结"过!例如,1913 年耶鲁大学教授西拉姆·宾厄姆宣称门罗主义经过"罗斯福推论"改造得面目

---

① Cecil V. Crabb, Jr., *The Doctrines of American Foreign Policy, Their Meaning, Role and Future*, Louisiana State University Press, 1982, pp. 2—10.

② Cecil V. Crabb, Jr., *The Doctrines of American Foreign Policy, Their Meaning, Role and Future*, pp. 9—10.

全非,已变成"过时的陈旧原则"。1934年,加斯顿·纳瓦尔认为门罗主义中固有的单边主义与"一战"后崇尚多边合作的国际潮流背道而驰,而随着富兰克林·D.罗斯福总统"睦邻政策"的提出,它已行将就木。20世纪60年代,由于古巴成为西半球唯一的共产主义国家以及它与苏联事实上的军事盟友关系,学者拉曼·威尔逊又断言"门罗主义在当代语境中已不复适用"。1994年,随着冷战结束和共产主义对西半球威胁的消除,耶鲁大学教授加迪斯·史密斯宣布这一学说已失去了意义。2013年11月,奥巴马政府国务卿约翰·克里在美洲国家组织发表讲话时公开宣称"门罗主义的时代已终结"。①

然而,事实却一再证明,这些预测和宣告无一例外全都是错的。

不仅如此,2019年4月17日,时任美国国家安全事务助理约翰·博尔顿在宣布针对委内瑞拉、古巴与尼加拉瓜的制裁时公然声称:"今天,我们自豪地向所有人宣布:门罗主义

---

① Hiram Bingham, *The Monroe Doctrine, An Obsolete Shibboleth* (New Haven, Conn.: Yale University Press, 1913); Gaston Nerval, *Autopsy of the Monroe Doctrine: The Strange Story of Inter-Amrican Relations* (New York: Macmillan Co., 1934); Larman C. Wilson, "The Monroe Doctrine, Cold War Anachronism: Cuba and the Dominican Republic", *Journal of Politics*, vol. 28, issue. 2 (May 1966); Gaddis Smith, *The Last Years of the Monroe Doctrine*, 1945—1993 (New York: Hill and Wang, 1994); John Kerry, "*The United States and Latin America: The Power of Partnership*," Organization of American States, Washington, DC, November 18, 2013. Transcript available at "Remarks on U. S. Policy in the Western Hemisphere," U. S. Department of State, https://2009—2017. state. gov/secretary/remarks/2013/11/217680. htm.

依然存在,而且生机勃勃。"①无独有偶,2022 年 2 月 7 日,美国共和党众议员马特·盖茨(Matt Gaetz)在议会发表演讲,声称中国与阿根廷在核能等方面的合作是对"门罗主义"的直接挑战;在中国已经"入侵"美洲的情况下,美国必须更加专注,否则会与俄罗斯一样,陷入"衰落大国"的命运。②

　　于是,问题来了,既然自 1823 年门罗总统向国会发表国情咨文,时间已过去了两个世纪,况且当初推动咨文出台的具体关切随着时间流逝早已烟消云散,为何作为其观念内核的思想对应物——门罗主义——非但没有淡出历史舞台,反倒一次又一次"重获新生"? 此外,考虑到门罗主义毕竟是从门罗咨文的母体中滋生出来的事实,人们有理由追问:从意识形态或观念结构的视域来审视,原初的门罗主义——1823 年门罗咨文——究竟表达了什么?

　　从既往的研究来看,学界大都有意无意地把"咨文"(Message)设定为一个固定的参考原点,继而将由此衍生的各种"主义"(Doctrine)变体及名目繁多的"推论"视为对"咨文"本身的扩展、偏移甚至背离。③ 问题在于,在"主义"的各

①　John Bolton Reaffirms America's Commitment to the Monroe Doctrine With New Sanctions. https://observer.com/2019/04/john-bolton-monroe-doctrine-sanctions-venezuela-nicaragua-cuba/.

②　《中国阿根廷加强合作,美国议员急了:对门罗主义的挑战》,2022 年 2 月 13 日,《观察者网》。

③　这种观点的一个代表性例证,可参考卡尔·施米特:《以大空间对抗普世主义:论围绕门罗主义的国际法斗争》,载 [德] 卡尔·施米特著,刘小枫编,朱雁冰译:《论断与概念》,上海:上海人民出版社,2016 年版,第 393—403 页。

种变体与"咨文"的原始文本之间,是否共有某种一以贯之的意识形态"源结构"或内在的本质规定性?否则,"咨文"不断被后世政治家进行延伸解释的巨大弹性空间又从何而来?

行文至此,一个可以合理假定的公理性前提已呼之欲出:1823年门罗咨文实际上系统地触及了美国对外关系的哲学或本体论层面。这意味着,作为从空间及时间维度表达美国自由主义理念型政治体身份和"天命"的话语修辞,咨文一开始就不是简单的政策宣示,而是关涉美利坚民族主义特别是对外关系意识形态结构的"元叙事"。

更具体地说,作为美利坚民族主义言简意赅和富有弹性的表述,咨文内在蕴含着空间——地理推理与理念——规范性推理要素,其不仅为美国在西半球谋取政治上的主导地位并将其化约为有意义的地缘政治框架,在文化上表达亚美利加(America),而且为整合"反殖民"与"帝国主义"这两个表面上互不相容的概念过程提供了一整套话语修辞。① 不仅如此,咨文以"信条化"方式阐述的"不殖民""我们与他者"以及"战争或武力作为防御机制"等洛克规范和律令,还为美国

①　一般而言,America这个词系指西半球或美洲大陆;然而,在英语中,America通常被理解为仅指称美国或美利坚。需要强调和指出的是,在咨文中,其一开始就巧妙地利用了该词义的模糊性,从而在"不知不觉中"将宣言的意识形态视野提升至半球水平,进而把美国与美洲(更准确提法应是"亚美利加洲"[American Continent])的政治理念和利益加以混同,最终为将美国塑造成西半球理所当然的"家长——老大哥""保护者"和"代言人"角色埋下了历史伏笔。在本书中,考虑到"美洲"或"美洲大陆"的提法已约定俗成,故在一般的地理表述方面仍照例沿用;而在同时表征政治理念(价值规范)与地理——空间要素的场合,则酌情采用"亚美利加"或"亚美利加大陆"的音译提法。

历史上一系列重大外交政策行动奠定了意识形态基础。

概言之,鉴于这份被历史学家称作美国"外交独立宣言"的文本所占据的重要地位,有关门罗咨文及其观念衍生物——门罗主义——的话题历来都吸引着学界关注的目光。① 然而,总体上,对咨文的探究,尽管研究门罗主义的权威、史学家珀金斯早在上世纪就指出了它"**意识形态文件**"的本质属性,遗憾的是学界仍大多仅基于其出台的时代背景、酝酿过程及现实指向等政策性维度切入,鲜有人聚焦咨文文本的话语修辞,厘清背后的微言大义与逻辑进路,当然更谈不上以此为突破口揭橥其意识形态结构的内在规定性了。

一、体例、修辞与逻辑进路

当门罗总统在 1823 年底向国会提交咨文时,或许根本就没有预料到该文件将在美国对外关系史上遗留下何等深刻的思想印记。这是由于咨文在"不知不觉"中完整表达了美利坚民族主义意识的一系列深层观念,这些观念甚至构成美国作为一个现代自由主义"理念型"政治体的存在理由(raison d'état)。正如研究门罗主义的权威、历史学家珀金斯所说,门罗咨文话语的力量"在于它表达了许多伟大和平凡之人的想法……它所提出的观点在空气中飘荡……美国人一次又一次

---

① 关于"外交独立宣言"的提法,参见 Bradford Perkins, *The Cambridge History of American Foreign Relations*, *vol. 1*, *The Creation of Republican Empire*, *1776—1865*, Cambridge University Press, 1993, p. 169。

在其语言中发现了一些吸引他们深层本能和传统的东西"。①

一句话,门罗咨文提供了美国人想象和表达国家在世界上外交与政治地位的宏大叙事,吸收了那个时代关于民族和帝国的重要思想,并将各种强大的文化象征联系在一起:西半球或亚美利加大陆及其"地理道德"、②新旧世界或东西半球作为历史—政治概念的二元划分,同时隐晦地传达了英美种族优越感及"文明等级论"等相互矛盾的观点。最终,这些思想被融合成一个有机整体,用来衡量美国与外部世界特别是欧洲和西半球其他国家间的政治关系及身份距离。

门罗在咨文中宣称:

> 亚美利加大陆,以其呈现和维持的自由和独立状态,从今以后不应被当成欧洲列强将来殖民的对象……在欧洲各国之间为它们自己的事情发生战争时,我们从未介入过,因为这样做是与我们的政策不合的。只有当自身的权利被侵犯或受到严重威胁时,我们才因所受的损害

---

① Dexter Perkins, *The Monroe Doctrine*: 1823—26, Cambridge: Harvard University Press, 1927, p. 103.

② 在本书中,"地理道德"系指美国上层政治人物通过综合运用"空间—地理推理"和"理念—规范性推理",借此为西半球与其他地理空间乃至半球内部各区域赋予差异化的政治内涵,从而为美国排斥"域外"(欧洲)大国干涉美洲事务和对"域内"(拉美)国家实施帝国主义控制的外交政策行动提供意识形态基础。西语"地理道德"(moralidad geográfica)的词源,可参见 José Martí, "The Washington Pan-American Congress", in *Inside the Monster*: *Writings on the United States and American Imperialism*, New York: Monthly Review Press, 1975, p. 355。

而愤慨,或准备自卫。我们与这个半球的事件必然有更直接的关联,其原因对所有开明而公正的观察者都是一目了然的。在这方面,(神圣)同盟国家的政治制度与合众国有本质的不同。这种差异是由它们各不相同的政府而产生的……

为着开诚相见,为着合众国与列强之间现存的友好关系,我们应当声明:列强方面把它们的政治制度扩展到这个半球任何地区的企图,对我们的和平与安全都是有害的。对欧洲列强现有的殖民地和保护国,我们没有干涉过,将来也不会干涉。但是对于那些已经宣布独立并保持着独立的,同时它们的独立,我们经过审慎考量并根据公正的原则加以承认的国家,任何欧洲列强为了压迫它们或以任何方式控制它们的命运而进行的任何干涉,我们只能认为是对合众国不友好态度的表现……(神圣)同盟各国将其政治制度扩张到(美洲)大陆的任何地区而不危害我们的和平与幸福是不可能的,也没有人会相信,如果让我们的南方兄弟(国家)自行其是,会主动采纳这种制度……①

表面上,咨文的话语平淡无奇,然而影响却深远而重大。

首先,从体例和结构上看,咨文以外交政策的讨论引入正题,涉及了英国、俄国和美国在北美西北海岸领土要求的冲突

---

① James D. Richardson, *A Compilation of the Messages and Papers of the Presidents*, *1789—1897*, *Vol. 2*, *Authority of Congress*, 1898, pp. 209—219.

问题;紧接着,总统笔锋一转,花费较长篇幅阐述了国内政策方面的问题;最后,他又回到外交政策的主题上,论述了更一般的美国—欧洲—南美政治关系问题,宣布美国和新近独立的南美共和国之间团结一致,并宣称美国坚决反对和抵制君主制的欧洲神圣同盟征服这些新共和国及重新殖民的任何企图。

这里,需要强调和指出的是,咨文关于外交政策的论述在结构上划分为前后两个部分(中间被貌似无关的内政部分加以区隔)的安排绝非无心之作。相反,经过仔细推敲会发现,这种体例编排恰恰是精心构造的:两个部分之间的逻辑距离及意义关联,对于将"反殖民"和"帝国主义"两个表面上互不相容的国家身份整合在一起的概念过程至关重要。

从文本的内容来看,当门罗在咨文中提到"亚美利加大陆,以其呈现和维持的自由和独立状态"的时候,他实际上强调了两点:一是美国与新近独立的南美共和国——"南方兄弟(国家)"——在政治和意识形态上团结一致,并共同构成了区别于欧洲且自成一格的亚美利加体系(America System);二是暗示东西半球在政治文明或政府统治原则的价值尺度上存在历史位差——以美国为首的新世界是以"自由""独立""进步""和平"为特征的"民主空间",以神圣同盟为代表的欧洲旧世界则是表征"专制""压迫""腐败""战争"的"暴政空间"。显然,以上两点对确立美国"例外论"的神话及强化美国立场的道义正当性均至关重要。

不过,对任何客观中立的观察家来说,总统关于亚美利加大陆"自由和独立状态"政治品格的高调宣称也有显著漏洞与致命软肋——美国国内罪恶的奴隶制度、对印第安人的野蛮驱赶和灭绝政策,以及对西属美洲天主教文化传统的蔑视,还有美国人经常表达的后者在种族上没有能力民主自治。①这些矛盾与不一致均过于突出,以致会严重损害乃至彻底否定门罗声明的道义正当性基础。

首先,就奴隶制与印第安原住民而言,门罗的话语策略是通过刻意将其包装成一个"外部"(foreign)问题加以处理,从而巧妙地从结构上"移除"了奴隶制、驱逐印第安人与"亚美利加大陆呈现和维持的自由和独立状态"之间显而易见的矛盾。譬如,他在咨文第一部分的对外关系章节中提到了对奴隶制的唯一暗示:与欧洲列强合作制止非法奴隶贸易的努力,并将惩罚力度设定在打击海盗的水平。门罗宣称:

> 根据众议院上次会议通过的一项决议,已向合众国派驻欧洲和美洲各国的公使发出指示,倡议(propose)取缔非洲奴隶贸易,将其归为海盗罪,并对肇事者以海盗论处。如果这项倡议被采纳,毫无疑问,这种可憎的犯罪行为将立即和彻底地得到杜绝。②

随后,门罗在讨论美国海军的地位时再一次提到了非洲

① 例如,1821 年《北美评论》刊登的一篇文章断言:"我们强烈认为,南美之于北美,就像亚洲和非洲之于欧洲一样。"参见 *North American Review* 3. 2(april 1821), p. 432。

② James D. Richardson, *A Compilation of the Messages and Papers of the Presidents*, *1789—1897*, *Vol. 2*, *Authority of Congress*, 1898, p. 210.

奴隶贸易:

> 我们向所有公务船只发出了常规的指令,要求扣押
> 从事奴隶贸易的合众国船只,并将它们带回来接受审判。
> 我很高兴地声明,目前没有发现这样做的船只。[①]

总统没有在致国会的咨文中提及敏感的国内奴隶贸易,这本身并不令人感到惊讶。最不可思议的是,在"密苏里妥协案"达成仅两年后,奴隶制在国家中的争议已被安全地转移到一个"外部"问题的位置!经由这样一番"操作",美国作为同质和统一政治体的虚拟意识得以具体化,借以反对一个"外部的""他者"。依据同样的手法,印第安原住民的存在也被"巧妙"地移除了,并将其定义为一个必须巩固边界的"外部"威胁。

从结构上看,门罗是在外交政策和国内问题之间的过渡部分将印第安原住民作为一个与军队资金和武器制造相关的问题提出来的。在这一节里,咨文描述了里卡瑞人(the Ricarees)在密苏里河西端要塞附近的一次进攻和随后遭到的反击。不过,奇怪的是,尽管他将印第安人描述为一种具有威胁性的"外部"力量,但其与紧迫的外交政策问题,如欧洲殖民和保卫民主的西半球,在结构上却是完全脱节的。

显然,通过在体例和结构上对奴隶制以及美国政府和印

---

① James D. Richardson, *A Compilation of the Messages and Papers of the Presidents*, *1789—1897*, *Vol. 2*, *Authority of Congress*, 1898, p. 214.

第安原住民关系进行"外部"化处理,咨文的真实意图在于:掩饰国内奴隶贸易及针对印第安人的镇压行为与"亚美利加大陆呈现和维持的自由和独立状态"之间尴尬和令人不安的对立。① 总之,这种将国内种族压迫和斗争的矛盾视为"外部"问题的倾向,对支持和佐证 America(此处系指"美利坚")"自由和独立状态"的宣称至关重要。

其次,尽管盎格鲁—撒克逊新教美国人有意识地渴望统治,并蔑视西班牙裔美洲人或混血种族的政治遗产和文化传统,但门罗将美洲定位于东西半球体系之间的二元性,只有通过他对北美和南美团结一致的设计才有意义。因此,咨文中南美洲新独立的共和国被刻意称作"我们的南方兄弟(国家)"。这样一来,通过在言辞上重新炮制出"西半球"政治空间内的同质性,门罗的半球团结一致姿态暂时掩盖了帝国主义姿态。

不过,应当看到,这种"南方兄弟国家"的话语和修辞非但不是美国与拉美国家之间平等关系的心迹袒露,恰恰相反,其实质是(且只能是)通过同一性诱惑而非差异性污名化的新型帝国主义。原因在于,在"兄弟国家"话语表象之下,拉美国家从未被认为是半球和平、繁荣和文明愿景的平等主体,充其量只是美国地缘政治愿景和利益的被动承受者及解读者。

果不其然,19 世纪中叶的一位阿根廷学者笔锋犀利地道破了这些"温情"言辞背后的"保护"与"控制"玄机:

---

① Gretchen Murphy, *Hemispheric imaginings: the Monroe Doctrine and narratives of U. S. empire*, Duke University Press, 2005, pp. 23—24.

> 存在于美洲的事物仍然只是欧洲的一个方面……尽
> 管美国的一切均起源于欧洲,但它想把美洲与欧洲隔绝
> 开来,使其远离任何非美国的影响——这将使美国成为
> 跨大西洋文明的唯一海关。门罗想让他的国家成为美洲
> 自由的波尔图-贝罗……①

换言之,通过强调南北美洲的共同起源和命运来维持美国在西半球的领导地位,本质上是"通过同一性控制"(control through sameness)的文化霸权策略:倘若西半球是一个"大家庭",美国与拉丁美洲国家是"兄弟"或"姐妹",倘若他们都寻求更多的自由和物质进步,那么,美国作为"家长"或"老大哥"为一个健康半球开出的政策处方就不只是对华盛顿有利,而是对作为整体的 America(亚美利加)全都有利。最终,通过表面上消除美国和西半球其他国家在文化上的区别,进而实现让人们对本质上是霸权的计划达成共识性观点之目的。②

---

① 波尔图-贝罗曾经是西班牙统治美洲的象征——笔者注。引文参见 Juan Bautista alberdi,"*La Doctrina de Monrôe y la America Espaiñola*",ed. by Raimundo Rodriquez(Benos Aires:Nuevo Meridión,1987),pp. 103—104,117—118,123—124,转引自 Thomas G. Paterson,(ed.),*Major Problems in American Foreign Relations:Documents and Essays*,*Volume I*:*To 1920*,Houghton Mifflin Company,2005,pp. 138—139。

② Jules R. Benjamin,"Review",*The Hispanic American Historical Review*,Vol. 76,No. 3(Aug.,1996),pp. 614—615;Gretchen Murphy,*Hemispheric Imaginings:the Monroe Doctrine and Narratives of U. S. Empire*,Duke University Press,2005,pp. 5—6. 本部分关于"门罗咨文"体例、修辞与逻辑进路的讨论受墨菲著作启发较多,特此说明并谨致谢忱。

二、西半球·亚美利加大陆、空间政治与"地理道德"

至此,人们不难理解,当门罗总统围绕"亚美利加大陆"构建起"自由和独立状态"判断的逻辑一致性,再辅以"(神圣)同盟国家的政治制度与合众国有本质的不同"以及"我们与这个半球的事件必然有更直接的联系"等"一目了然"的"事实",接下来,他就可以顺理成章地断言"这个半球""不应被当成欧洲列强将来殖民的对象"了。这里,门罗的话语实际指涉的是美国早期对外关系中的重大问题——西半球或亚美利加大陆及其"空间政治"与"地理道德"意涵。①

其一,门罗咨文依据"地理上的接近,自然的同情,以及相似的政府宪法"来共同支持"自由和独立"的西半球在空间政治上(与欧洲旧世界)的分离,并由此明确了美国在"半球"区域内的特殊利益。②

其二,由于东—西半球(地理空间)与新—旧世界(政治意识形态)的概念划分是同时完成的,于是,经由"空间—地理推理"与"理念—规范性推理"双重塑造,"西半球"的物质

①　关于"空间政治"的内涵及其与"门罗主义"在概念上的联系,可参考章永乐:《此疆尔界:"门罗主义"与近代空间政治》,北京:生活·读书·新知三联书店,2021年版,第1—60页。

②　譬如,一方面,亚美利加大陆或西半球"自由和独立"政治状态被宣布为美国的一项特殊利益;另一方面,其他美洲国家"自由和独立"的政治内涵也需要美国为其代言和裁定——至少这种想法一开始就存在于美国人的潜意识里。

空间或地理概念被化约为有意义的地缘政治框架和意识形态对象——一个受"例外的、孤立的、反殖民主义的美国""保护"与"控制"下的地理统一体。①

体现在门罗的咨文中,这种推理过程包含着两个环节:首先,美国从未干涉欧洲——其坐落于美国的"域外空间"——的内部事务,因而在谨守空间政治道义方面无懈可击;其次,因为"我们与这个半球的事件必然有更直接的联系"——这意味着美国对西半球特别是拉丁美洲邻国有着特殊的利益,有权以不同于欧洲的口吻说话,因而既具有禁止和排斥"域外空间"大国干涉的充分理由,也暗示着其对南方"兄弟(国家)""保护与控制"的当然权利。

事实上,"西半球"作为地理概念本身并无新颖之处。最初,地球可以有意义地区分为东半球和西半球的想法来自 15 和 16 世纪"从欧洲地图的视角看待美洲"。然而,在 1776—1823 年的美洲革命时期,"西半球"概念被赋予了政治上的意涵:许多新成立的美洲国家认为他们的半球基于与欧洲殖民主义的共同(革命)决裂,具有一种政治上的"神秘"认同,因而构成了一个区别于世界其他地区的完整地理单位。②

---

① 这种"保护"与"控制"逻辑在 1895 年美英(委内瑞拉)外交争议中达到了顶峰。当时,美国国务卿奥尔尼断言:"美国今天实际上是这片大陆的主权者,它的命令就是规制其干预对象的法律。"在美国历史上,这是其主权位阶事实上高于拉美国家的首次官方宣示。

② Arthur P. Whitaker, *The Rise of the Western Hemisphere Idea*: *Its Rise and Decline*, Ithaca, N. Y.: Cornell University Press, 1954, p. 7; "The Origin of the Western Hemisphere Idea", *Proceedings of the American Philosophical Society*, Vol. 98, No. 5 (Oct. 15, 1954), p. 326.

在美国,关于"西半球"的思想更是一开始就打上了深深的民族主义烙印:西半球或亚美利加大陆被认为有着共同的计划和命运——"自由"和"进步"的提升;美国是这一历史计划的"先锋"和天然领导者;在美国"仁慈"和"善意"领导下(并保护其免受半球外邪恶和敌对势力影响),拉美国家将变得更像美国。① 因此,咨文利用了"西半球"概念,因为该学说可以解释为两个半球之间的分离;如果说欧洲人在他们的"对象"意义上使用这个词,美国则反过来使用了这个词,作为对欧洲的一种反殖民语言。

质言之,就美国作为领导和承载性大国而言,西半球或亚美利加大陆"空间政治"与"地理道德"学说的精髓在于:通过建构以欧洲为消极"他者"的摩尼教世界来体现"亚美利加身份"与"亚美利加方式(American Way)安全"之间的逻辑关系;而在半球内部,该学说最显著的特点在于它与政治需要产生的权利——"保护与控制"——概念的联系。说到底是建构和表达了一种新的、分离于欧洲的西半球国际法权体系和具有鲜明(地缘)政治意涵的空间秩序。②

而针对"西半球"概念中的"空间政治"及"地理道德"意涵,德国著名公法学家卡尔·施米特评论指出:原初的"门罗

---

① Martha Cottam, "Review", *The American Political Science Review*, Vol. 90, No. 1 (Mar., 1996), pp. 218—219.

② 正如后来有学者分析指出的那样,只要美洲大陆的大部分地区在政治上是欧洲的一部分,那么"两个领域"或"西半球"学说就没有任何意义。参见 Albert Bushnell Hart, *The Monroe Doctrine: An Interpretation*, Little, Brown & Company, (Boston), 1916, p. 70。

主义"中最"具有本质意义的是,只要一个具体限定的、不容许外来势力干涉的大空间思想得到坚持,门罗主义便始终是真实的、未掺假的"。① 在施米特看来,根本上,这是由于"西半球"不仅与反映现代全球政治与历史意识的某种确定而特有的现象相联系,也是一个表现西方理性主义影响之下的"全球界线思想"的重要例证。这意味着,在新的美洲界线成立后,如果西半球是一个未被"旧世界"的腐败所污损的"新世界",如果在美洲的土地上被"拣选"的人将会得到拯救,为的是在一种原初状态下缔造一个新的纯粹的生存形式,那么所有来自欧洲对美洲土地的要求都会失效,因为美洲的土地现在要求一个全新的国际法地位。②

　　然而,就咨文本身而言,问题在于,"西半球"或"亚美利加大陆"对欧洲殖民关闭,同时排斥外来干涉之真正和本质性的理由究竟是什么? 如前所述,回答这个问题的关键短语是"亚美利加大陆……呈现和维持的自由和独立状态"——事实上,该短语不仅是门罗总统为"西半球"或亚美利加大陆赋予"地理道德"以及表征"亚美利加方式"本质内涵的基本依据和集中体现,也是理解和把握咨文全部话语策略的**枢纽与核心**:亚美利加与欧洲的文化差异既为政治上的分离政策提供了必要理由,也提供了东—西半球之间感知到政治"距

---

① ［德］卡尔·施米特:《以大空间对抗普世主义:论围绕门罗主义的国际法斗争》,前揭,第 393—394 页。

② ［德］卡尔·施米特:《大地的法》,刘毅、张陈果译,上海:上海人民出版社,2017 年版,第 271—272 页。

离"的关键表述。

不过,困惑依然存在。一般来说,在"自由和独立状态"下,合众国各州以及南美新近独立的共和国显然都具有免受欧洲列强重新殖民征服的正当性基础;问题在于,为何这项原则可以普遍适用于作为整体的美洲大陆?① 尤其是,为何它会特别适用于北美西北地区——那里人口稀少,其在1823年既不是美国的一个州(state),甚至连"准州"(territory)都算不上?

可以认为,当门罗说亚美利加大陆"以其呈现和维持的自由和独立状态,从今以后不应被当成欧洲列强将来殖民的对象"时,他实际上将美国和南美共和国革命后的政治独立与备受争议的西北地区含蓄地联系在一起——该地区通过南美政治解放和独立的现象被"合乎情理"地类比为"民主空间",因而同样具有关闭欧洲殖民进程的正当性;在此基础上,根据地理上的"接近"或"邻近"原则,这一"民主空间"注定将被纳入合众国的政治版图。毕竟,地理"接近或邻近"原则历来是美国人依据所谓"半球利益"提出的主张,其构成门罗咨文的观念基础——基于国家安全的地理政治原则,它排除了欧洲对西半球进一步的殖民。

———————————

① 当时,阿拉斯加的广袤内陆地区尚未被开发,加拿大西北部的大部分地区也是如此。此外,尽管根据1819年"佛罗里达条约",西班牙割让了它在大陆西北42度线以北地区的权利,但是,这些权利一直相当模糊,远未明确确立。因此,在这样的基础上主张整个西北地区的"权利"难以让人信服。参见 Dexter Perkins, *Hands off: A History of the Monroe Doctrine*, Little, Brown and Company, (Boston)1945, c1941, p. 33。

例如,国务卿约翰·昆西·亚当斯在一次内阁会议上指出:"应该让世界熟悉我们把北美大陆视为美国领土的想法……西班牙占领了我们的南部,大不列颠占领了我们的北部。几个世纪过去了,它们不可能不被美国吞并……这是物质、道德和政治上的荒谬,这些领土碎片,其主权者远在海外1500英里之遥……竟然与一个伟大、有进取心和快速发展的强大国家相毗邻。"①门罗主义在后来得到了频繁的地理解释。国会众议员斯坦顿在1846年的俄勒冈辩论中断言:"海洋成为国家间贸易障碍的法则——通过插入巨大的深渊把大陆分开的自然法则,禁止一个大陆上的国家通过暗示、扩展、毗邻或任何其他无形、难以界定、形而上学的原则对另一个大陆拥有权利。"②

因此,不无悖谬的是,通过禁止欧洲未来的殖民,这种逻辑却间接地促进了美国的扩张——对欧洲殖民关闭的土地仍然对美国开放,原因在于:不仅新旧世界在空间政治上的分离可以证明禁止欧洲在美洲获得新领土的政策是合理的;更重要的是,与欧洲的殖民活动不同,美国的领土扩张只象征着"民主空间"和"自由领域的扩大"。于是,通过对这些差异化的空间概念进行对比,一个紧凑、同质、连贯的大陆自由帝国吞并"空旷的"领地作为合众国联邦内平等的州,经由相反的概念——遥远、管理不善和种族歧视的欧洲殖民帝国——获

---

① *Memoirs of John Quincy Adams*, ed. C. F. Adams(Philadelphia, 1875), IV, pp. 438—439.

② *Congressional Globe*, 29th Cong., 1st sess., p. 200.

得了意义。①

至于西半球内部的国家间关系,咨文提到了"南方兄弟(国家)"以及"我们与西半球的事件必然有更直接的联系"等说辞。当门罗这样说的时候,他真实的意思是:西半球作为一个"大家庭",是由美国这个"家长""老大哥""代言人"或"保护者"以及一众拉丁美洲受荫蔽的"兄弟"或"姐妹共和国"——它们各自在美国伸出的分支之下找到自己的合适位置——共同组成的;而"南方兄弟(国家)"及19世纪更常见的"姐妹共和国"都是以美国为中心和原点的政治修辞,它隐含着对这些国家民族主体性的某种褫夺,甚至含有对其自主选择何种政体的主权权利进行限制和约束的意味。②

继而,当门罗断言"没有人会相信,如果让我们的南方兄弟(国家)自行其是,会主动采纳这种制度",他更是俨然以"西半球"政治代言人的"领袖"角色自居,并体现出由美国单方面定义"半球"意义和命运的倾向:这些新国家仅仅被宣布处于美国的"保护"之下。这种假设隐含着单边而非集体行动,以及美国在一种不平等的非对称关系中占据的优势。

总之,西半球或亚美利加大陆的"空间政治"及"地理道

---

① Gretchen Murphy, *Hemispheric Imaginings: the Monroe Doctrine and Narratives of U. S. Empire*, Duke University Press, 2005, p. 20.

② 到后来的伍德罗·威尔逊那里,这种逻辑变得公开化,因为他明确表示要"教导南美共和国选举好人"。其实质是要求美国介入拉美国家的内部事务,就此而言也要介入全世界政府的内部事务,从而将门罗主义的规范置于成熟的世界秩序概念结构中去。参见 Edward Weisband, *Ideology of American Foreign Policy: A Paradigm of Lockian Liberalism*, Sage Publications Inc., 1973, p. 38。

德"学说包含着两个不同层面的概念过程。首先,定义和捍卫新世界(西半球)相对于旧世界(欧洲)的美德及其分离,需要在民主与暴政、自由与压迫、无辜与罪恶间建立一种夸张的二元对立关系。施米特就此评论说,人们"不难从门罗咨文的字里行间看到和听出,一方面是摒弃来自欧洲君主制的整个政治体制的根本理由,另一方面是隐藏在美洲分离和孤立界线中的道德和政治意义以及神秘力量"。① 其次,在西半球内部,以咨文发表为起点,美国将单方面垄断对"亚美利加"政治属性——"自由和独立状态"——的定义和解释权,其又为美国在这一区域的帝国主义提供了意识形态基础。换言之,1823年之后的美国乃是"一个开始将'自由'——人类永恒和普遍的希望——视为自己权利的国家,并援引'自由'来剥夺其他国家的权利"。②

正是在这样的意义上,由于以"民主""自由""独立"等话语为核心的门罗咨文本质是以"反帝国主义"面目出现的第一份新型帝国主义宣言书,1823年12月2日实际标志着世界历史上一种新型霸权或帝国秩序萌芽诞生的特殊时刻。

三、历史方位与外交规范(律令)

一般而言,美国建国伊始直至1820年代是美利坚民族主

---

① 卡尔·施米特:《大地的法》,第272页。

② José Martí, *Obras Completas*, Vol. 21, p. 50. 转引自 Virginia M. Bouvier (ed.), *Whose America? : The War of 1898 and the Battles to Define the Nation*, Westport, Conn.: Praeger, 2001, p. 10。

义最为关键的孕育和形成期。① 与此同时,它一直在艰难地追求自身的国家主体性以及探索具有现实操作性的对外关系行为模式。在羽翼未丰、实力不济的情况下,这种主体性和行为模式内在地要求美国必须以现实主义态度界定国家利益,而非基于抽象的意识形态将其利益混同于一般的人类自由民主事业,更遑论被后者遮蔽和掩盖。

在当时,以亚历山大·汉密尔顿(1755—1804)为代表的联邦党人和以托马斯·杰斐逊(1743—1826)为旗手的民主共和党人,在外交事务中道德和权力的相对作用上,一开始就存在哲学上的分歧:前者看到了国际政治中"权力"因素的首要地位,主张国家应灵活、现实地追求国家利益,但其缺陷是可能遗漏或遮蔽政策的超越性层面(即偏重"手段"[means]而忽视"目的"[ends]),因而难以充分彰显和呈现美国作为自由主义理念型政治体的特殊"天命"和存在理由。

与此相反,后者把国际政治理解为"民主、自由等人类基本原则"战胜其历史对立面的过程,国家本身被视为追求意识形态目标的手段,但这种依据抽象道德立场划分敌友的意识形态外交有可能背离乃至损害现实的国家利益。门罗咨文在美国对外关系史上的特殊地位就在于,它既是门罗的理想主义(其阐述了国家超越性的历史使命)和亚当斯的现实主义(其阐述了国家的地缘乃至更一般的空间政治框架)有机

---

① 　关于早期美国民族主义的孕育及形成,可参考 Anders Stephanson, *Manifest Destiny: American Expansionism and the Empire of Right* (New York: Hill and Wang), 1995, chapter 2。

融合的产物,也是联邦党和民主共和党外交思想传统走向合流的象征,进而为整个 19 世纪美国外交政策的实施建构了两党分享的"意识形态共识"。①

作为兼具普通主权国家及自由主义理念型国家双重属性的独特政治体,门罗咨文的公布客观上标志着美国自此终于体认到自身的"天命"和"应世之道"。具体来说就是以国家的实力及其可能性限度为前提,对外交政策中的现实主义(手段)和理想主义(目的)要素进行平衡、调和与折中。

例如,咨文的基调无疑是现实主义的,那种根深蒂固的理想(甚至弥赛亚)主义冲动至少暂时受到了抑制,并且门罗的理想主义言辞——亚美利加大陆"呈现和维持的自由和独立状态"——主要是为了论证:作为美国地缘政治"大空间"现实载体的亚美利加大陆或西半球,今后不再成为欧洲列强殖民和干涉的对象。

然而,应当看到,门罗咨文绝不只是现实主义的"圣经",②相反,它包含着深刻的意识形态因素。诚然,这些意识

---

① 就亚当斯而言,其对世界范围内的共和主义运动不感兴趣。在他眼中,只有美国是世界上最后的自由堡垒;英国被看作是美国在西半球确立主导地位的竞争对手,而非"民主、自由"大战中的潜在盟友。参见 Brook Poston, "'Bolder Attitude': James Monroe, the French Revolution, and the Making of the Monroe Doctrine", *The Virginia Magazine of History and Biography*, Vol. 124, No. 4 (2016), p. 301。

② 例如,诺曼·格雷布纳认为:"从 1789 到 1823 年,当权者关注的核心问题是将国家利益限制在能力范围之内……门罗咨文是一份现实主义文件。"参见 Norman A. Graebner(ed.), *Ideas and Diplomacy: Readings in the Intellectual Tradition of American Foreign Policy*, Oxford University Press, New York, 1964, pp. 141—142。

形态因素可以依据多种视角进行观察和解读;但就影响和塑造美国外交思想传统而言,最值得关注的乃是咨文将"不殖民/自决(self-determination)""我们和他者/认同(self-identification)"以及"战争或武力作为防御机制/自卫(self-preservation)"等律令整合在一起,进而转变成对美国外交政策实践产生深远影响的意识形态规范。这些规范全都肇源于洛克自由主义,并不断成为调动公众舆论支持和佐证外交政策行动的正当理由。

更重要的是,咨文不仅把洛克律令变成了意识形态规范,它还以一种"信条化"(Doctrinaire)形式——系指在不顾及实施政策适当手段与目的之间的关系以及国际政治现实的情况下,以抽象、无区别的理念—规范性推理方式援引这些道德律令并主张在世界各地的政治局势中采取简单化(善恶对立、黑白分明)的道德立场——呈现它们,从而牢固确立了自己作为基石和本源性外交思想传统的地位。

众所周知,英国政治哲学家约翰·洛克(John Locke,1632—1704)的自由主义思想对美国社会的影响异常深远。追根溯源,洛克从(财产)所有权积累的道德性和自卫的保护性权利思想出发,通过在更高的社会目的和世俗生活之间建立起联系以及基于道德和政治行为之间的哲学联系,进而提供了美国外交政策的"不殖民(自决)""我们和他者(认同)"及"战争或武力作为防御机制(自卫)"等三种意识形态规范—律令的哲学渊源。

在美国外交思想史上,如果说托马斯·潘恩(Thomas

Paine,1737—1809)在《常识》一书中率先将洛克的自然法原则转变为外交政策意识形态规范,那么,《独立宣言》则是首次阐明三种意识形态规范的"官方"立场文件,尽管还处于萌芽阶段。到乔治·华盛顿(George Washington,1732—1799)《告别辞》这里,他同样概述了这些意识形态规范的模糊轮廓,尽管以一种保守、现实主义或分离主义的解释形态出现。

只有到门罗和亚当斯这里,通过咨文的发表,洛克的三种意识形态规范才以明确的话语和"信条化"形式加以表达,其作为美国外交政策规范的意识形态化进程才得以最终完成。① 换言之,在洛克的自由主义哲学思想和美国外交政策的意识形态规范之间,门罗咨文的发表是具有里程碑意义的事件。

从文本修辞来看,首先,咨文关于"亚美利加大陆,以其呈现和维持的自由和独立状态,从今以后不应被当成欧洲列强将来殖民的对象",以及"我们不能不把任何旨在压迫他们或控制他们的干预看作是对合众国不友好态度的表现"表述,②不仅意在强调亚美利加特别是美国政体相对于欧洲的显著道义优越性,继而主张两个半球在空间上的分

---

① 更具体的讨论,可参见 Edward Weisband, *Ideology of American Foreign Policy*: *A Paradigm of Lockian Liberalism*, pp. 11—22。

② 在美国外交史上,"不殖民(自决)"规范在美西战争后国会通过的《普拉特修正案》、针对中国问题提出的"门户开放"照会、"一战"期间威尔逊提出的"十四点计划",乃至"二战"期间美英两国联合签署的"大西洋宪章"等文件中都有不同程度的体现。

离,更重要的是,对美国政治精英来说,1823 年门罗总统的目标只是让西半球的"民主变得安全",然而,1917 年威尔逊总统的战争咨文却说:"世界必须为了民主变得安全。"于是,通过借助同样宽泛的"不殖民(自决)"概念,1823 年弱小的美国面对欧洲威胁的防御性宣言到 1917 年摇身一变成为强大美国的进攻性号角——因为它如今决意要"为全世界争取门罗主义"。①

其次,"我们和他者"的意识形态规范一方面意在界定对立面和异质性因素,并将对手和敌人置于为自己申辩的被动地位——咨文强调指出:"(神圣)同盟国家的政治制度与美国的政治制度有本质不同",潜台词是只有美国的政体才是最好的,因为在美国,"人民是唯一……的主权者……他们能够完全有效地行使最高权力";②另一方面,在美国政治家眼中,以神圣同盟为代表的欧洲作为文化上的"他者"不仅是异质性的,而且其本身构成了对"*亚美利加方式*"生存和安全的威胁——即便这种威胁仅仅只是基于门罗等人的主观臆测和想象。正是在这个意义上,咨文才认为:"列强方面把它们的

---

① George G. Wilson, "The Monroe Doctrine after the War", *Proceedings of the Academy of Political Science in the City of New York*, Vol. 7, No. 2, The Foreign Relations of the United States: Part I (Jul., 1917), p. 300.

② James D. Richardson, *A Compilation of the Messages and Papers of the Presidents,1789—1897, Vol 2, Authority of Congress*, 1898, P. 208. "我们"(自由世界)和"他者"(集权主义)的规范在美苏"冷战"期间体现得最为显著和充分;近年来随着中美大国博弈加剧又呈现复苏趋势——拜登政府任期召开"民主峰会"即是鲜明例证。

政治体制扩展到这个半球任何地区的企图,对我们的和平与安全都是有害的。"

最后,咨文还有一项长期未得到应有重视的规范——"战争或武力作为防御机制"的律令。门罗宣称:"只有当自身的权利被侵犯或受到严重威胁时,我们才因所受的损害而愤慨,或准备自卫。"①显然,门罗在陈述该规范时运用了被动语式,因而他塑造了美国人对政府如何以及在何种情况下使用武装力量的看法:美国从不主动发起战争;它只有在受到攻击时才不得不做出必要和正当的反应。②

余论:门罗咨文的政治史学

在美国对外关系中,一般而言,"一项原则或战略要成为真正的传统,必须得到两党坚定的支持,超越孕育它的时代,进入国家话语的永久词汇,即使在它没有直接激励政策的年代,也能够持续引起大多数美国公众的共鸣"。③ 无疑,门罗

---

① https://millercenter.org/the-presidency/presidential-speeches/december-2-1823-seventh-annual-message-monroe-doctrine. 访问时间:2022年1月18日。

② 在美国外交史上,美国介入"一战"前的德国(无限制)潜水艇事件、"二战"前的"珍珠港"事件,甚至"9·11"事件中美国发动战争时依据的理由,"战争或武力作为防御机制"的意识形态规范均得到了程度不同的运用。换言之,美国历来把自己打扮成无辜的受害者,只是迫不得已才进行必要的自卫。

③ Walter A. McDougall, *Promised Land*, *Crusader State*: *The American Encounter with the World Since 1776*, Houghton Mifflin Company, 1997, p. 10.

咨文及其表征的观念结构——门罗主义——正是这样一种基石性的外交传统。

首先,咨文不仅从空间—地理维度表达了自华盛顿时代开始两党逐渐达成共识并贯穿 19 世纪的现实主义和孤立主义外交方针或国家安全原则,同时也从规范和意识形态维度定义了美国在世界上的地位及历史使命,因而构成融贯且具有巨大弹性解释空间的意义系统。正是在这样的意义上,对门罗主义观念结构的讨论,实际隐含着对美国国家身份和美利坚民族主义的深度辨析。

其次,从国际法权演进视角看,咨文实际阐述了这样一组"观念集合":全球空间界线二元划分的基本预设,经历了政治觉醒的民族,以"自由和独立"为核心的普遍性原则或政治理念,由该理念主导并作为历史—政治—道德概念存在的西半球或亚美利加大陆,对欧洲中心主义世界观的反动,美国作为"领导和承载性大国"的区域空间秩序,以及禁止"域外"大国干涉的一般政策原则。

门罗咨文的提出既表明亚美利加体系从欧洲体系中分立出来的国际格局现实,同时又推动和促成了国际关系格局和结构的历史性震荡和分裂,因而具有重大的世界历史意义。①

大体上,在门罗主义的观念进化历程中,由于国家实力不足和专注于内部建设,空间—地理维度在 19 世纪得到了更多

---

① 王玮、戴超武:《美国外交思想史:1775—2005 年》,人民出版社,2007 年,第 104 页。

强调,意在排斥"域外"大国对西半球事务的干涉;外交政策亦相应更具审慎、内敛的防御型现实主义特征。然而,随着实力增强和大国意识觉醒,从詹姆斯·波尔克(James K. Polk,1795—1849)总统开始,一种新的趋势逐渐显现——咨文中固有的理念—规范维度得到了越来越多的强调,[①]空间—地理等现实主义和具象性内容在 20 世纪上半叶经历了"门户开放"照会、"十四点计划"和"大西洋宪章"等意识形态文件冲击后逐步淡出,"二战"后更随着美国外交步入全球主义阶段而渐趋式微。

　　正是在这样的意义上,完全可以说,作为最典型的自由主义理念型政治体,1823 年后的美国外交从未真正偏离咨文内蕴的空间—地理及理念—规范向度,至多根据国家实力消长或具体情势选择强调某一侧面罢了。

---

　　① 在美国历史上对咨文蕴含的洛克自由主义意识形态规范进行"信条化"援引的做法肇源于波尔克总统——他改变了美国外交决策中从试图权衡工具性手段与理想主义目的的现实主义方式,越来越倾向于意识形态和道德主义的方式。更具体的讨论,可参见 Edward Weisband, *Ideology of American Foreign Policy*: *A Paradigm of Lockian Liberalism*, pp. 24—28。

第二章 青萍之末：美国对外干预法权学说的起源与演进（上）

> 对美国干涉主义的合法化向来塑造了复杂、流动的意识形态组合，根据历史形势的不同，其次序和侧重点也随之千变万化。
>
> ——佩里·安德森

引　子

2017 年 10 月 1 日，美国历史新闻网登载了新闻网特稿编辑罗宾·林德利对《纽约时报》和《波士顿环球报》记者、布朗大学沃森国际和公共事务研究所高级研究员斯蒂芬·金泽的一次电话访谈。这次访谈的主题是美国对外干预的历史起源：

　　罗宾·林德利：您在美国外交政策和外交史方面著述颇丰。在《真正的旗帜》（*The True Flag*）一书中，您对

美西战争和美菲战争时期作了考察。这本书可以命名为
《美帝国主义的起源》(*The Origins of American Imperial-*
ism),您描述了当时关于扩张主义政策的巨大争论。那
么,激发您写这本书的动机是什么?

斯蒂芬·金泽:所有美国外交政策的问题可以浓缩
成一句话——实际上可以浓缩成一个词,那就是干预。
我们现在在世界上的所有主要问题都是我们在哪里进行
干预,目的是什么,手段是什么。美国是一个异常频繁地
对他国进行干预的国家。为什么会如此?我们是怎么走
到这一步的?它起源于何处?我一直对这些问题感兴
趣。我们常在"二战"后美国成为全球帝国的时期探寻
这些问题的答案。事实上,当我更深入地研究这些问题
的背景时,我发现关键的决定早在 1898 年到 1900 年左
右已经做出……

罗宾·林德利:您的书揭示了这段被遗忘的历史。
除了美国缅因号战列舰在古巴被击沉和泰迪·罗斯福冲
上圣胡安山之外,我们学校里的多数人可能对美西战争
知之甚少。我认为很多美国人对美国战胜西班牙以后在
菲律宾发动的惨烈战争可能一无所知……

斯蒂芬·金泽:我最近在旧金山拍摄了一座纪念美
西战争老兵的纪念碑,牌匾上描述他们"向外国人伸出
了友谊之手"。这就是美国人对这一时期的描述……

罗宾·林德利:这似乎也适用于对西奥多·罗斯福
的普遍看法……

斯蒂芬·金泽：……马克·吐温认为每个人都是一样的，如果美国培养出能够统治自己国家的人，那么，菲律宾和其他国家也能管理自己。西奥多·罗斯福认为这是无稽之谈：非白种人没有能力管理自己，需要被别人统治……

罗宾·林德利：回顾往昔，菲律宾战争的惨烈令人震惊。显然，当地的独立运动领袖埃米利奥·阿奎纳尔多得到了美国的承诺：如果他的军队与美国一起对抗西班牙人，美国将保障菲律宾独立。相反，在阿奎纳尔多军队的帮助下从西班牙人手中解放了菲律宾之后，美国在一场可怕的战争中向阿奎纳尔多和他的"叛乱分子"发起了攻击。

斯蒂芬·金泽：美国人被告知菲律宾人有充分的理由反抗西班牙的统治。毕竟，在残暴的西班牙统治者的压迫下，反抗的菲律宾人在我们看来就像是乔治·华盛顿和大陆军为推翻英国而战。后来，我们改变了对菲律宾的想法，决定要占领它，而不是让他们独立，我们开始告诉自己，美国人和西班牙人是完全不同的主人。当然，你可以理解为什么菲律宾人不想被西班牙人统治，因为他们残忍、压榨、遥远且有邪恶的意图。我们被告知：菲律宾人乐意被美国人统治。他们会意识到美国人是仁慈的，仅仅想帮忙。美国人从来没有理解过，对许多菲律宾人来说，被外国势力统治是一种诅咒——甭管它是什么势力。这些菲律宾叛军不愿意接受用一个遥远的主人来替代另一个主人。他们想要彻底独立。美国人从来没有认清这一点。我们自欺欺人地认为,尽管他们讨厌被西班牙人统治,但他们会乐意被美国人统治。这是一种自我欺骗,也是我们面对世界的主要特征。

罗宾·林德利:种族主义也在这些干预中发挥了作用。帝国主义者不仅认为美国的使命是解放古巴和菲律宾,还认为非白人是低等的原始生物,需要我们"教化"他们。罗斯福称菲律宾人为"野兽"。

斯蒂芬·金泽:古巴的情况尤其明显。当美国发起战争的时候,我们被告知:古巴爱国者是伟大的英雄,类似于美国独立战争的领导人。他们被美国媒体奉为偶像。这就是为什么我们觉得他们应该拥有为之奋斗的独立。紧接着,当战争结束后,美国在古巴的指挥官报告说:我们可怕地意识到,人们一直被教育要尊崇的这些领导人中,有许多是黑人。这一下子改变了美国人的看法。我们开始想,古巴可能会有一个部分由黑人组成的政府,如果我们允许古巴独立,这一定会发生。我们那时的种族主义态度使我们绝对不可能接受这一结果。这就是美国在 1898 年后拒绝让古巴独立的原因之一……

罗宾·林德利:……特朗普 7 月 6 日在华沙的一次演讲中问道,西方是否有生存的意志?您对新总统的那句话怎么看?

斯蒂芬·金泽:西方(当然)有生存的意志,但如果我们不把自己的意志强加于人,我们(就不)能生存下去吗?……我们应更多地关注建设自己的国家,而不是拿

着螺丝刀去千里之外修理别人……①

在这次重要的访谈中,有个值得注意的细节,斯蒂芬·金泽认为美国对外干预的起源应从 1898 年的美西战争中寻找。不过,金泽本人并非专业的历史学者,其理论视野和思考尺度仍有很大局限性。事实上,美国对外干预的起源有比这更久远、更深刻的思想线索。

一言以蔽之,鉴于干预(Intervention)在美国——当代所谓"自由主义国际秩序"的控制者及构建者——对外关系中占据着独特而重要的地位,关于美国对外干预思想的历史起源及发展演变的研究内在地需要一种宏观及整全的考察视野。

一般来说,自 1904 年西奥多·罗斯福(Theodore Roosevelt,1858—1919)总统对"门罗主义"进行"延伸"(亦称"罗斯福推论")开始,尤其"二战"后随着美国外交步入"全球主义"(Globalism)阶段,"从杜鲁门主义到里根主义的一系列美国总统的主义(Doctrine),宣布的都是美国拥有自封的全球干涉的权利"。② 不过,究其根本,在西方政治语境中,由于干预是对主权规范的粗暴侵犯和践踏,因而需要相应的意识形态内容(如"人权"和"宗教宽容"等"更高层级的规范")为其提供正当性辩护。

---

① Robin Lindley,"The Origins of American Imperialism:An Interview with Stephen Kinzer". 文献链接:https://historynewsnetwork.org/article/166640,获取时间:2022 年 10 月 23 日。引用为笔者自译。

② 王立新,《试论美国外交史上的对外干预:兼论自由主义意识形态对美国对外干预的影响》,《美国研究》,2005 年第 2 期,第 99 页。

就美国对外干预而言,著名学者佩里·安德森评论指出:
"对美国干涉主义的合法化向来塑造了复杂、流动的意识形
态组合,根据历史形势的不同,其次序和侧重点也随之千变万
化。"①这提示我们:有关干预思想史的分析不仅构成理解美
国对外关系思想长期演化的重要线索和突破口,还能引申出
美国外交政策中若干长时段背景与政治变化;反之,这些背景
和变化又以直接或间接的方式塑造了干预政策的可能性以及
这些政策被解释和理解的形式。

"冷战"后尤其是进入新世纪以来,由于美国的超强实力
以及在国际体系中占据的核心地位,更主要的是美国频繁使
用包括经济制裁、国内立法、隐蔽行动、武装干涉等林林总总
的手段对包括中国在内的众多国家实施单边干预,有关美国
对外干预政策及实践的研究始终备受学界关注。不过,尽管
学者们近年来基于多种视角对美国干预的政治逻辑、形成机
理和变化趋势等取得了一系列有理论深度和现实意义的研究
成果,但是,从这些研究指涉的时段来看,大多偏重20世纪特
别是后"冷战"时期,针对美国早期干预思想历史起源及演变
进程的研究却付之阙如。这就不可避免地引出诸多疑问与困
惑:美国对外干预思想的渊源来自何处? 经历了哪些发展阶
段? 其深层动力与演进机理又是什么?

实际上,很少被人们注意到的是,从1823年提出《门罗宣

---

① 佩里·安德森著,李岩译:《美国外交政策及其智囊》,北京:金
城出版社,2017年版,第33页。

言》到 1920 年威尔逊总统任期结束的近一个世纪,实是美国
对外干预思想最重要的历史起源、内涵发展与格局定型时
期——尽管此后这些思想有了进一步发展,但至多是枝节层
面的增补完善而已。因此,倘若对美国早期对外干预思想的
缘起、发展及定型过程不甚了然,那就有可能妨碍我们对其观
念基础与演化脉络等"基因性因素"的认识和理解。

一、门罗主义与美国对外干预思想的起源

一般认为,美国建国伊始直至整个 19 世纪,由于国力弱
小和长期专注于国内建设,加之外交上受孤立主义思想传统
影响,美国几乎没有对外干预的实践,更不用说形成对外干预
的思想体系了。① 例如,在 1821 年 7 月 4 日国庆日演讲中,门
罗总统的国务卿约翰·昆西·亚当斯告诫美国应当坚决抵制
头脑发热的对外干预冲动:

> 无论哪里出现或即将出现自由和独立的旗帜,哪里就
> 会有她(美国)的鼓励、祝福和祈祷。但是她不会到国外去
> 寻找要摧毁的怪物。她是一切自由和独立的祝福者,然而,
> 她只是自己自由和独立的斗士与捍卫者……她很清楚,一

---

① 王立新教授即持此种观点。他认为,美国"在建国后一个多世纪
的时间里并没有进行政治的和军事的对外干预,而且还在国际事务中积
极倡导国家主权和不干涉内政的原则"。参见王立新:《试论美国外交史
上的对外干预:兼论自由主义意识形态对美国对外干预的影响》,第 93 页。

旦在别的旗帜下征战，即便这些旗帜是外国独立的旗帜，她必定会卷入一切利益和阴谋、个人贪婪、嫉妒和野心的战争而无法自拔。它们披上了色彩，篡夺了自由的标准；她政策的基本原则将不知不觉地从自由转变为强制。①

迄今为止，学术界关于美国早期对外干预思想发展史的"公论"是，其对外干预的大规模实践发端于 1898 年的美西战争——对古巴的干预被证明是一个重要转折点；"此后，美国的角色不再是一个反对欧洲干预美洲事务的美洲国家领导者，而是自己成为干预的力量，其他美洲国家都反对它"。②确实，当时美国发动战争的主要借口就是古巴岛上出现了大规模"人道主义灾难"。③ 1904 年，西奥多·罗斯福总统对门罗主义的"延伸"则更进一步，标志着美国外交政策对"不干

———————

①　Joseph R. Stromberg, "Imperialism, Non-interventionism, and Revolution: Opponents of the Modern American Empire", *The Independent Review*, Vol. 11, No. 1 (Summer 2006), p. 81; Bradford Perkins, *The Cambridge History of American Foreign Relations*, *Vol. 1*, *The Creation of Republican Empire*, *1776—1865*, Cambridge University Press, 1993, pp. 149—150.

②　C. G. Fenwick, "Intervention: Individual and Collective", *American Journal of International Law*, 39:4 (1945), p. 651.

③　Alexis Heraclides and Ada Dialla, "The U. S. and Cuba, 1895—98", in *Humanitarian Intervention in the Long Nineteenth Century*: *Setting the Precedent*, Manchester University Press, 2015, pp. 197—222. 1898 年秋，时任美国总统威廉·麦金莱(1843—1901)甚至直接援引了"人道主义干预"的概念，他说："由于我们人民的商业、贸易和生意受到了严重的伤害，并且那里的财产和人民遭受了浩劫，因此，干预的权利是正当的。"参见 James D. Richardson, ed., *A Compilation of the Messages and Papers of the Presidents*, *1789—1907*, *Vol. X*, pp. 64—65。

预"传统的根本逆转;随着干预闸门就此打开,美国以自封的
"国际警察"身份首先在西半球,继而在全世界开启了漫长的
对外干预征程。

然而,这样的叙事可能会使人产生一种错觉:似乎美国
1898 年的大规模海外干预行动只是一个事先没有任何征兆
或铺垫的偶然性事件。其实,历史的真相是:19 世纪美国在
外交上坚持"不干预"原则并不意味着绝对没有对外干预的
实践——恰恰相反,据统计,从 1787 到 1920 年,美国共进行
了 122 次海外干预(不包括宣战),其中 99 次发生在 19 世纪,
涉及每个大陆。① 不仅如此,对美国早期对外干预思想史的
系统梳理则进一步表明:1898 年美西战争非但不是外交政策
航向的突然"偏离"(Aberration),反倒更应被视为 19 世纪美
国对外干预思想发展最合乎逻辑的演变结果。②

尽管"建国伊始,美国的政治文化中就存在着一种与生
俱来的干预其他国家事务的冲动",③然而,任何关于美国早
期对外干预思想起源的讨论,都最好以 1823 年《门罗宣言》
的提出作为最合适的起点。④ 这是由于,在致国会的咨文中,

---

① Thomas Bender, "The American Way of Empire", *World Policy Journal*, Vol. 23, No. 1 (Spring, 2006), p. 56.

② 在美国外交史学上,关于 1898 年美西战争的"偏离说"是塞缪尔·弗莱格·比米斯等"正统派"学者坚持的论点。参见 Samuel Flagg Bemis, *A Diplomatic History of The United States*, [M] New York, 1936。

③ 王立新:《试论美国外交史上的对外干预:兼论自由主义意识形态对美国对外干预的影响》,第 91 页。

④ Alexis Heraclides and Ada Dialla, *Humanitarian Intervention in the Long Nineteenth Century: Setting the Precedent*, p. 197.

门罗总统提出了堪称美国对外关系中最重要的核心原则之一的"门罗主义"。他说：

> 亚美利加大陆，以其呈现和维持的自由和独立状态，从今以后不应被当成欧洲列强将来殖民的对象……我们应当声明：列强方面把它们的政治制度扩展到这个半球任何地区的企图，对我们的和平与安全都是有害的。对欧洲列强现有的殖民地和保护国，我们没有干涉过，将来也不会干涉。但是对于那些已经宣布独立并保持着独立的，同时它们的独立，我们经过审慎考量并根据公正的原则加以承认的国家，任何欧洲列强为了压迫它们或以任何方式控制它们的命运而进行的任何干涉，我们只能认为是对合众国不友好态度的表现。①

　　尽管原初的门罗主义——门罗宣言——总基调是被动和防御性的——它要求欧洲列强不得在西半球扩展影响力或对其任何部分重新殖民，但并不涉及美国将会在西半球如何行事的问题。② 表面上，通过取代欧洲殖民列强的干涉主义政策，门罗主义似乎构成了一种开明的、反（欧

---

　　①　James D. Richardson, *A Compilation of the Messages and Papers of the Presidents, 1789—1897, Vol. 2, Authority of Congress*, 1898, pp. 209—218.

　　②　正如半个多世纪后美国提出门户开放照会时没有事先通知中国那样，它在发表门罗宣言时并没有提前咨询拉美国家的意见，这反映出美国人潜意识中对落后地区人民的种族主义轻视态度。

洲)帝国主义的美国方案。然而,需要指出,门罗主义非但不是绝对的不干涉主义,相反,它一开始就包含着潜在的干涉主义元素。

不消说,以美洲"和平与安全"受到威胁为由禁止欧洲的制度渗入西半球,本身即是试图对欧洲事务进行外交干预的一种形式。更重要的是,正如一位国会议员后来直白表述的那样:"(门罗主义)赋予我们调节本半球和另一个半球人民之间关系的权利",故门罗主义也暗含着美国作为西半球的政治代言人有权干涉美洲国家事务的意味。其未明言的假设是,"专制欧洲"的控制只能是邪恶的,而"民主美国"的控制却意味着关切与保护。① 换言之,"美国应在南北美洲各国中起到天然领袖与警察的作用,这一命题已经内嵌在门罗主义之中"。② 随着时间的推移,这种将美国视为"保护者"的抽象观念,以及阻止欧洲对美洲和平与安全有害的干预等具体目标,将潜在地助长美国对拉丁美洲的实际干预——"特殊的爱产生特殊的特权"观念将以"惩罚"告终。③

---

① Albert K. Weinberg, *Manifest Destiny: A Study of Nationalist Expansionism in American History*, Baltimore, The Johns Hopkins Press, 1935, pp. 416—417. 至于这种"关切与保护"是否征得了拉丁美洲人民的认可和同意,其本身并不重要。

② 迈克尔·H·亨特:《意识形态与美国外交政策》,褚律元译,北京:世界知识出版社,1998 年,第 68 页;Marco Mariano, "Isolationism, Internationalism and the Monroe Doctrine", p. 42.

③ Albert K. Weinberg, *Manifest Destiny: A Study of Nationalist Expansionism in American History*, p. 417.

　　揆诸史实,事态发展的轨迹将愈加清楚地揭示和表明:在19世纪,"门罗主义"的实际意涵与美国对外干预思潮演进之间存在着更深层次的关联。原因在于,美国政治家自始至终都将其视为在西半球扩张和建立霸权的工具——而实现该目标不可能不采取干预策略。①

　　在门罗主义阴影笼罩下,19世纪美国在西半球的干涉主义主要有四种形式。一是驻外公使插手东道国内政,如19世纪20年代乔尔·波因塞特(Joel Poinsett)对墨西哥和1891年的帕特里克·伊根(Patrick Egan)对智利的干预。二是个体的干预,如19世纪中叶美国军事冒险家威廉·沃克(William Walker)对中美洲的尼加拉瓜等国事务进行的干预。三是美国政府有时会在与拉美国家缔结的条约中赋予自身单边干预的权利。例如,1846年与哥伦比亚签订的《比德拉克-马拉里诺条约》(Bidac-Mallarino Treaty)规定,为了保证地峡通道的安全,美国军队必要时可以登陆巴拿马。四是直接的军事入侵,最著名的例子当是1846—1848年波尔克政府发动对墨西哥的战争以及1898年的美西战争。

　　不过,这些早期对外干预行动总体上数量不多,持续时间较短,影响范围也有限;更关键的是,在19世纪大多数时间里,不仅政府缺乏系统和一以贯之的干预战略,而

————————

　　①　Jay Sexton, *The Monroe Doctrine: Empire and Nation in Nineteenth-Century America*, 2011, Hill and Wang, p. 199;孔华润主编:《剑桥美国对外关系史》,第173页。

且公众一般也不支持对门罗主义作过于赤裸裸的干涉主
义解释。①

二、19 世纪后期对外干预思想的继续发展

从 1865 年内战结束到 1898 年美西战争爆发,短短 30 余
年,美国由原本悄居一隅的地区性大国一跃而成长为备受瞩
目的世界强国。更重要的是,这种转变不仅是物质意义上的,
同时也表现在观念和思想领域,二者结合,共同推动美国对外
关系的"范式"从 19 世纪传统的"旧外交"向 20 世纪现代"新
外交"过渡与转型。

一方面,从国家实力特别是物质实力看,美国已成长为国
际大棋局中举足轻重的一支重要力量——其不复是 18 世纪
90 年代的脆弱国家,不再需要对欧洲敬而远之,也不再像 19
世纪中叶时那样专注于国内事务,并无可避免地要废弃从前
基本上是被动姿态的外交政策。另一方面,如果"门罗主义"
可视作美利坚民族主义和自由主义意识形态在对外关系维度

————————

① Jay Sexton, *The Monroe Doctrine: Empire and Nation in Nineteenth-
Century America*, 2011, Hill and Wang, p. 200. 然而,这不等于说公众的
态度是清一色反干预立场的。例如,1847 年《民主评论》上的一篇文章
在为对墨西哥的战争辩护时说:"当一个国家深陷无政府状态,无法管理
自身并对邻国构成威胁时,邻国中的最强者就有责任进行干涉,解决问
题。"这种想法与半个世纪后西奥多·罗斯福对"门罗主义"延伸的核心
观点已颇为接近。参见胡欣:《美国帝国思想的对外政策含义:对国家身
份、意识形态和国际秩序观的历史解读》,南京:江苏人民出版社,2016
年,第 177 页。

上的集中投射,那么,由于国家实力增长和外部环境变迁,随之而来的是,其已从支持不干预的论点转变为干预的理据,从非殖民主义的声明转变为全球帝国主义的学说。①

总之,随着国家整合任务的完成与历史遗留问题的解决,内战后的美国开始迈向大国之路,而实力的增长与改造世界"天命"意识的复苏使它滋生了与日俱增的对外干预冲动。

行文至此,不妨对照两位国务卿面对欧洲列强在西半球的干预行动时的言辞和语气变化。很难想象,它们在时间上前后间隔不到 30 年!

1866 年 6 月 2 日,针对西班牙舰队从 1865 年开始轰炸智利瓦尔帕莱索港等事件,国务卿威廉·西沃德在给驻智利的公使基尔帕特里克的指示中宣称,美国不会干涉欧洲与美洲国家之间的冲突:

> 那些认为只要这个大陆上的一个友好的共和国卷入战争,美国就应作为盟友参战的人,忘记了和平是美国长期的利益和坚定不移的政策。他们忘记了我们在这个半球的朋友参与的战争的频率和种类,这些战争完全不受美国的控制或左右。我们没有发动侵略战争的军队;对监管者(regulator)的角色没有野心。我们的宪法不是帝国宪法,不允许行政部门参与战争,除非依据审慎考量的

---

① Edward Weisband, *Ideology of American Foreign Policy:A Paradigm of Lockian Liberalism*, p. 21.

国会的法令……

如果说美国有什么最显著的特点,那便是从华盛顿时代起就坚持不干涉原则,坚决拒绝寻求或缔结纠缠不清的同盟——即便是与最友好的国家。①

然而,仅仅不到 30 年后,针对英国与委内瑞拉在边界问题上的纷争,国务卿理查德·奥尔尼(Richard Olney,1835—1917)在 1895 年的著名照会中却宣称:

美国的安全和福祉是否真的与维护美洲每个国家的独立如此密切相关——以至于每当这种独立受到威胁时,美国就有理由并需要进行干预?(这种理据和说辞将在数年之后的《普拉特修正案》中得到运用——笔者注)这个问题只能用一种方法坦率地回答。美洲各国——无论南方还是北方,由于地理上的邻近和自然的同情以及政府宪法的相似——在商业和政治上都是美国的朋友和盟友……

今天,美国实际上是这片大陆的主权者,它的意志就是其干预所及对象的法律。原因何在?这并不是因为纯粹的友谊或对它的好感。这不仅是因为它作为一个文明国家的崇高品格,也不是因为智慧、正义和公平是美国行

---

① Dip. Cor., 1866, part ii, p. 413. 转引自 John Bassett Moore, "The Monroe Doctrine", *Political Science Quarterly*, Vol. 11, No. 1 (Mar., 1896), p. 27。

事的一贯特点。这(仅仅)是由于,除了所有其他理由之外,它无限的资源加上孤立的地位使它掌握了局势,在面对任何强权时,它实际上是固若金汤的⋯⋯美洲公法中有一种原则上有充分依据、先例上有充分支持的原则,它使美国有权并要求美国将一个欧洲强国对美洲一个国家的强行政治控制视为对自己的伤害。①

(一) 内战及其对外"干预"意涵

在美国历史上,尽管内战本身并非一次对外干预行动,但是,内战不仅在很多方面都是现代"全面战争"的原型,并带来了"国家主义"和"军事主义"的双重胜利;②更关键的是,战争性质的演变及其政治后果孕育着某些干预思想的种子和萌芽,并预示着美国未来实施对外干预的可能性及其展开的轮廓和样式。

一开始,内战只是一场为了有限目标而进行的有限战争。然而,随着1862年《解放黑人奴隶宣言》的颁布,北方的战争目标却呈现为一种弥赛亚式的形式——战争不再是一场"北方与南方之间"的普通争斗,"而是一场以人权和人类自由为一方,以永恒的奴役为另一方之间的争斗"。换言之,这是一

① "Mr. Olney to Mr. Bayard" (Department of State, Washington, July 20, 1895), in *Papers Relating to The Foreign Relations of The United States*, *With The Annual Message of The President*, *Transmitted to Congress December 2*, *1895*, *Part I*, pp. 558—559.

② Joseph R. Stromberg, "Imperialism, Non-interventionism, and Revolution: Opponents of the Modern American Empire", p. 85.

场为正义和自由而进行的道德圣战。①

正如学者指出的那样,经历内战洗礼之后,美国的统治精英们更是普遍相信:洗清了奴隶制度与奴隶势力污秽的美国,已站在了一个更高的道德平面上。他们甚至还从中得到了这样的启示:战争可以为正义和道德的目标服务——正如林肯总统将《独立宣言》的内涵改变为促进人权的积极要求,内战也为通过侵略性的征服战争将美国的原则移植到一种明确抵制它的异质性文明树立了榜样。尽管当时的美国并没有立即着手实施任何依照自身模式对其他特定国家进行再造的政策,但是,一旦积累了足够的力量、产生了足够的影响,并愿意运用这种力量和影响来按照自身的喜好塑造这个世界时,它将断然打破现状。②

(二) 作为意识形态透镜的"先赋性美利坚主义""文明"和"种族"

在美国"镀金时代"(大致对应于 19 世纪最后 30 年),在社会达尔文主义的种族思潮、大规模移民特别是非北欧移民涌入的外部趋势,以及内战后反对联邦政府重建南方白人选民的反应等因素共同作用和影响下,上层白人群体出于保护

---

① 由于其所具有的道德意味和意识形态特征,内战也被称为"美国第一次意识形态征服的实验"(随之而来的是美国在"国家重建"上的第一次实验——"南方重建")。

② 罗伯特·卡根:《危险的国家:美国从起源到 20 世纪初的世界地位》,袁胜育、郭学堂、葛腾飞译,北京:社会科学文献出版社,2016 年,第 348—349、353—394 页。

自身文化霸权,这一时期意识形态上的一个重要特征是所谓
"先赋性美利坚主义"(Ascriptive Americanism)的兴起——其
将美国定义为一个"白人的盎格鲁—撒克逊清教徒国家"。①

吊诡的是,这种信念即便是在具有显著分歧的南北地
区和两党之间,也都奇妙地融为一体:精英阶层越来越多
地展现出对美国身份的一种先赋性看法——内战后南方
重建进程中提出的平等主义和包容性原则被不断否定,而
新的先赋性等级制度在政治、舆论和法律上却得到了广泛
支持。

因此,镀金时代不仅是阿尔杰和卡耐基的时代,同时也
是排华、反部落民族的《道斯法案》、种族隔离和剥夺公民权
运动强劲崛起、读写测试的出现和其他抑制非北欧移民的
提议以及反天主教运动复兴的时代,最后表现为通过美西
战争对拉丁美洲人和亚洲人实行基于种族理由的殖民
统治。②

表现在对外关系领域,"先赋性美利坚主义"与当时异常
流行的种族主义观点相结合,都强调某些人种具有更高尚的
道德属性和更优秀的生理基础,因而更适于支配和统治相对

---

① "先赋性美利坚主义"指的是政治身份(包括有投票权和参选最
高政治职位资格等完全公民身份)的赋予并非基于所有政治参与者的同
意,而是建立在种族、性别和人们出生时通常不会改变的民族、宗教和文
化等先赋性特征之上。参见 Rogers M. Smith, *Civic Ideals: Conflicting Vi-
sions of Citizenship in U. S. History*, Yale University Press, 1997, p. 3。

② Rogers M. Smith, *Civic Ideals: Conflicting Visions of Citizenship in
U. S. History*, p 347; 胡欣:《美国帝国思想的对外政策含义:对国家身
份、意识形态和国际秩序观的历史解读》,第 194 页。

"低下"的种族。①

　　"先赋性美利坚主义"不仅与激进的盎格鲁—撒克逊白人清教徒种族主义密不可分,也与当时流行的"文明"和"进步"观念高度相关。② 这是由于,19 世纪后期美国人普遍相信他们的国家是"文明"的先行者,在道德上比其他国家优越,注定要担负起领导其他国家人民使之提升到美国文明标准的责任。而内战后"进步"和"文明"的意识形态又为其思考对外关系,特别是界定美国与其他国家和人民之间的关系提供了一套系统的原则与连贯的指导——依据"文明"尺度对世界作出文明和野蛮的划分,"意味着一种明显的道德差别……有好的国家,也有坏的国家"。人们相信,一个国家的人民越是先进,越是自由,越具有商业精神,他们就越是会与正义和道德的现代观念相一致。反之,那些不认同该世界观的国家将被帮助、被改变、被批评和被制裁,以及像美国南方这样,被军事上击败和重建。③

---

　　① 例如,在当时流行的种族主义叙事中,"盎格鲁—撒克逊种族",尤其是美国人,被视为"优越的种族",非洲人和美洲印第安人的地位最低,而拉丁人(如西班牙人)处于两个极端之间。

　　② 在修辞的意义上,"文明"的概念和话语在当时不仅包含主权、法律、基督教、进步和现代性等实体性要素,还包括种族、性别、社会达尔文主义和人类进化的千年期望等观念性要素。根据这种论述,只有白人或盎格鲁—撒克逊人的种族才从野蛮进化到文明阶段。参见 Benjamin Allen Coates, *Legalist Empire: International Law and American Foreign Relations in the Early Twentieth Century*, New York: Oxford University Press, 2016, p. 57; Walter L. Hixson, *The Myth of American Diplomacy: National Identity and U. S. Foreign Policy*, p. 112。

　　③ 罗伯特·卡根:《危险的国家:美国从起源到 20 世纪初的世界地位》,第 388—394 页。

如果福音派牧师乔塞亚·斯特朗和历史学家约翰·菲斯等是这种思潮的社会代言人,那么哥伦比亚大学教授约翰·伯吉斯与约翰斯·霍普金斯大学教授赫伯特·亚当斯领导的新条顿历史学和政治科学家学派(The New Teutonic School of Historians and Political Scientists)则为其构筑了学术堡垒。① 1885 年,斯特朗出版了《我们的国家:它可能的未来与现实的危险》一书。在题为"盎格鲁—撒克逊与世界未来"的章节里,他认为"日耳曼大家庭"的"盎格鲁—撒克逊"分支象征着公民自由与纯粹的基督教精神等伟大观念,而美利坚民族作为"最高等级的盎格鲁—撒克逊文明",凭靠巨大的人口、财富及影响力,其在"神意"下注定要领导人类的进步并最终征服世界——

> ……人类的两大需求,即所有人都能被提升到最高的基督教文明的光芒中,首先是一个纯粹的、精神上的基督性,其次是公民自由,这无须与我为之写作的人争辩。毫无疑问的是,这些力量在过去对人类的进步作出了最大的贡献,它们在未来必定继续是人类进步最有效的推动者。由此可见,盎格鲁—撒克逊人作为这两种思想的伟大代表和这两种伟大福气的保管人,与世界的未来有着特殊的关联,从某种特殊的意义上讲,被神委派为同侪

---

① Rogers M. Smith, *Civic Ideals: Conflicting Visions of Citizenship in U. S. History*, p. 355.

的守护者。再加上他在现代迅速增长的力量,我们几乎可以预见他的命运……

以情理而论,无可怀疑,北美洲将成为盎格鲁—撒克逊人的伟大家乡,将成为他的权力的主要宝座,他的生活和势力的中心……美洲将在数量和财富上占有巨大的优势,依据事理它将握有支配力的王杖……可以合理地推断,我们将发展最高级形态的盎格鲁—撒克逊文明……这些事实有什么意义?这些趋势预示着未来;它们是上帝用来书写预言的强大字母。假如把这些字母仔细地拼在一起,我们能不能看出上帝的某种意义来?在我看来,上帝用他无限的智慧和技巧,正在训练盎格鲁—撒克逊人,以迎接世界未来必将来临的某个时刻……那时,世界将进入新的历史阶段——这便是盎格鲁—撒克逊人正在被训练以备参加的最终种族竞争……

谁能怀疑这个种族竞争的结果不是"适者生存"呢?布什内尔博士说:"……确切的事实是:在基督教国家里,正掀起一种极大的力量浪潮,气势凌人;假如其他国家不能很快地取得更高的能力,那它必将沉沦和永远被埋葬。"……上帝有两只手。他不仅在我们的文明中准备铸模以便给别的国家打上印记,而且,按照苏赛所说的"上帝规定的时刻",他也使人类做好准备,以便接受我们的印记。①

---

①　Josiah Strong, *Our Country: Its Possible Future and Its Present Crisis*, The American Home Missionary Society, 1885, pp. 159—180.

　　同年,菲斯在《哈珀斯杂志》发表题为《天定命运》的文章,强调"盎格鲁—撒克逊"社会制度的优越性并预测他们将和平地征服世界,直到"地球表面除古老文明领地之外的每一寸土地都将使用英语民族的语言、宗教、政治习惯和传统"。①

　　至于伯吉斯——后来担任美国总统的西奥多·罗斯福曾在其门下学习法律,并且后者与他在思想上具有显而易见的联系——更值得认真对待。在 1891 年出版的《政治科学与比较宪法》一书中,伯吉斯提出了赤裸裸的种族主义外交观:

　　　　美国必须被看作一个日耳曼民族国家……他们必须有殖民政策。美国人……过于倾向于认为任何这种性质的政策都是对他国事务的无理干涉。他们没有考虑到这样的事实:到目前为止,世界大部地区居住着没有成功建立文明国家的民族——实际上那些人没有能力完成这一任务;他们继续停留于野蛮或半野蛮状态,除非政治民族(具有政治组织天赋和才能的白人清教徒国家——笔者注)为他们承担建立国家的任务……处于野蛮状态的民族没有任何人权可言。文明国家对未开化民族既有责任也有义务使其"文明化",如果他

————————
　　① John Fiske: "Manifest Destiny", *The Harpers Monthly*, (March) 1885, p. 588.

们不能变得文明,那就应臣服于有能力实现这一目标的强权之下……

对那些尽管在国家组织方面取得了部分进展,但无法解决政治文明问题的不完全野蛮民族的事务进行干预,是一项合理的政策。无人能质疑,法律、秩序及与其相一致的真正自由在全世界都应当占据统治地位,这符合文明整体的利益——任何国家或类国家(semi-state)不能维持这和地位,对世界各地的文明都是一种威胁。为了半野蛮国家,同时也为了其他国家的利益,一个或多个有政治组织才能的国家,可以对缺乏这种能力的民族正当地行使主权,并担负起为他们建立秩序的责任……"文明"国家是迄今为止史上最好的机构,可以确定适当的时间地点来干预没有组织或组织力不足的民族的事务,并履行伟大的世界责任……日耳曼人是现代的政治民族……肩负着组织世界的责任;如果他们忠于使命,就必须把这一责任作为其实际政策之一。①

总之,到 19 世纪 90 年代后期,特别是美西战争前后,从"文明""种族"和"先赋性美利坚主义"视角来考虑外交事务乃是十分突出和广泛的倾向,关于盎格鲁—撒克逊种族

---

① John W. Burgess, *Political Science and Comparative Constitutional Law*, Vol. 1, (Boston: Ginn & co., 1891), pp. 30—48.

负有文明教化与统治使命的思想已植根于美国人的意识深处,并影响和塑造着上层精英关于外交尤其是对外干预的看法。①

(三) 委内瑞拉外交危机与"奥尔尼推论"

1895 年的委内瑞拉外交危机是美国历史上的重要事件。这次危机的爆发及戏剧性解决,不仅标志着英美在西半球霸权地位的"和平"转移或交接,更关键的是,在美国干预思想史上,由于它是"门罗主义"在美国外交中的首次实际运用,并预示着美国未来干预西半球的一般趋势,故具有承前启后的意义。

危机期间,国会鹰派议员亨利·卡伯特·洛奇(Henry Cabot Lodge,1850—1924)表达了当时举国上下普遍存在的一种激昂情绪,他宣称:"门罗主义的至高无上地位应立即确立——如果可以,就以和平方式;如果必须,就以强制方式。"②在这股强劲民族主义浪潮刺激和推动下,格罗弗·克利夫兰(Stephen Grover Cleveland,1837—1908)总统和他的国

---

① 例如,1898 年 10 月,威廉·麦金莱总统提出:美国有权、有责任去建立殖民地,去帮助"受压迫的人民",美国应向全世界各地普遍地施加自己的力量与影响。与此同时,共和党人艾伯特·J·贝弗里奇认为,美国人具有"这样一些特质:力量强大使他们英勇刚毅,体制完善使他们真理在握,天定的目标赋予他们神圣的权威"。参见迈克尔·H·亨特:《意识形态与美国外交政策》,第 42—43 页。

② Henry Cabot Lodge, "England, Venezuela, and the Monroe Doctrine", *The North American Review*, Vol. 160, No. 463 (Jun., 1895), p. 658.

务卿理查德·奥尔尼(Richard Olney, 1835—1917)修正并扩展了门罗主义,采取了一项超越禁止欧洲在拉美殖民的新政策。

同年夏天,奥尔尼向英国外交大臣索尔兹伯里勋爵发出了一份照会,主张美国根据门罗主义有权干预这一争端。但是,由于克利夫兰的重要意图是将"门罗主义"视为维护其所珍视的原则——在国内实行有限和分权政府,在海外避免卷入纠缠不清同盟——的手段,因此奥尔尼仍然沿袭了门罗时代的意识形态术语来构建西半球与欧洲的关系。

奥尔尼在照会中宣称:

> 欧洲作为一个整体是君主制的(这掩盖了1823年以来旧世界所经历的深刻政治变革——笔者注)——除了法兰西共和国一个重要的例外。另一方面,美洲却致力于相反的原则,即每个民族都有不可剥夺的自治权利;而且,无论是从国家的伟大还是个人的幸福的角度来看,美国为世界提供了自由制度卓越性最显著和确凿的事例和证据……人们不得不承认,欧洲的政策与美国的政策存在着不可调和的差异。①

---

① "Mr. Olney to Mr. Bayard"(Department of State, Washington, July 20, 1895), in *Papers Relating to The Foreign Relations of The United States, With The Annual Message of The President, Transmitted to Congress December 2, 1895, Part 1*, p. 557.

但是,在传统论点之外,他也加入了新的论点——权力——为美国的干预辩护:"今天,美国实际上是这片大陆的主权者,它的意志就是其干预所及对象的法律。"奥尔尼在照会中还将"门罗主义"描述为"一项美洲国际公法,具有充分的原则基础和大量的先例支持"。①

由此可见,尽管"奥尔尼照会"是关于"美洲是美国的美洲"**新秩序**的宣言书——这与1823年门罗总统宣称"美洲是美洲人的美洲"形成了鲜明对比,②但支撑它的观念和意识形态基础却是陈旧的,属于19世纪。换言之,它既是新颖的,又是陈旧的。然而,无论如何,奥尔尼对门罗主义的"推论"传递出异常明确的信息:在任何涉及美洲国家政治主权或领土完整受到非美(洲)势力威胁的冲突中,美国都有干预的一般权利,尽管在此过程中,美洲国家的主权实际已被笼罩在美国霸权的阴影之下。

设若进一步放宽历史的视野,奥尔尼对门罗主义的"推论"也表明了美国企图主宰拉美地区政治局势的倾向:为了

---

① "Mr. Olney to Mr. Bayard"(Department of State, Washington, July 20, 1895), in *Papers Relating to The Foreign Relations of The United States, With The Annual Message of The President, Transmitted to Congress December 2, 1895, Part I*, p. 557.

② 同年,伦敦出版的《经济学家》杂志犀利地指出:"在'门罗主义'的监护下,它(美国)已经把整个美洲大陆都当作自己的保护国。"在奥地利首都维也纳,《异闻报》(*Frem denblatt*)——通常是外交部的喉舌——宣称门罗主义的推行"即使在美洲,也从未达到过目前的程度",美国希望"成为美洲大陆的最高君主(the supreme lord)";外交部长格鲁考斯基伯爵宣称,美国要求"在它并不直接相关的问题上担任仲裁人",并试图"无视国际法"遂行它的意志。参见 Dexter Perkins, *The Monroe Doctrine*, 1867—1907, The Johns Hopkins Press, 1937, p. 207。

"西半球团结一致",此后它将在多个场合申明其决定拉美地区政治制度性质的权力——这些全都肇源于"奥尔尼推论"。① 对拉丁美洲的人民来说,他们将注意到奥尔尼的话语预示着门罗主义新的和扩大了的含义。

不过,比把边界争端置于"门罗主义"的庇护之下更重要的是将"门罗主义"和美国霸权纳入所谓的"最高利益主义"(Doctrine of paramount interest):认为在这片大陆上美国的法令就是它所宣称的利益的法律,应当提醒人们注意美国的干预——当然其总是打着支持"门罗主义"的幌子,而这又为著名的"罗斯福推论"奠定了基础。②

最后,人们还将看到,"奥尔尼推论"中隐含的依据门罗主义对西半球事务享有干涉权利的强烈意识,也是美国对始于1896年古巴危机态度的一个强有力的决定因素——在当时,古巴人反对西班牙的起义,被美国人普遍视为热爱自由和高尚的美洲人民反对专制和颓废的欧洲君主政体的斗争。③

(四) 作为"人道主义干预"的美西战争、《普拉特修正案》及"国际警察权"思想的萌芽

在美国对外干预思想发展史上,1898年美西战争以及战

① Edward Weisband, *Ideology of American Foreign Policy: A Paradigm of Lockian Liberalism*, p. 30.

② J. Lloyd Mecham, *A Survey of United States-Latin American Relations*, Houghton Mifflin Company, 1965, pp. 65—66.

③ Albert K. Weinberg, *Manifest Destiny: A study of Nationalist Expansionism in American History*, p. 420.

后确定美国与古巴政治关系的《普拉特修正案》不仅是重要转折点和里程碑,也是从"奥尔尼推论"到"罗斯福推论"观念演变进程中一个至关重要的过渡环节。

就美国对古巴的干预而言,应当看到:一方面,南北战争后的 30 年里,美国改造世界的"天命"意识和美国作为美洲自由守护天使的观念不仅被重新激活,而且得到了强化;①另一方面,在大众媒体兴起特别是所谓"黄色报业"(yellow jour-nalism)的时代,混杂着民众对西班牙在古巴暴政的"义愤"、美利坚民族主义和大国沙文主义的情感冲动,最终汇合成一股要求美国政府干预古巴的强大潮流。

例如,早在 1896 年,美国《独立》杂志编辑鲍威尔(E. P. Powell)便向孤立和不干预原则提出了挑战:乔治·华盛顿在他的声明中"无意阻止我们在世界治安(policing of the world)和镇压不人道的暴行中发挥我们的公平作用"。②

诚然,美西战争的性质是一场帝国主义战争。但是,至少在事态的缘起和冲突的早期阶段,这场战争也是美国历史上第一次真正意义上的大规模"人道主义干预"行动。这是由于,早在正式宣战前,针对古巴岛上的局势,一种基于"人道主义"的干预话语已被官方频繁提及。例如,克利夫兰总统在他 1896 年 12 月 7 日致国会的咨文中,不仅列举了

---

① Albert K. Weinberg, *Manifest Destiny*: *A Study of Nationalist Expansionism in American History*, p. 418.

② E. P. Powell, "Washington's Doctrine and Arbitration," *The Independent*, XLVIII(February 20, 1896), p. 247.

美国在古巴的投资数字和贸易金额来说明美国在古巴拥有的巨大经济利益,还有意识地运用"人道"话语为即将到来的干涉提供论证:

> 美国与古巴叛乱之间不可避免的牵连、受到波及的美国巨额财产利益以及对慈善和人道主义的一般性考量,已导致各方强烈要求美国对古巴进行某种积极的干预……我们固然愿意对西班牙的主权给予一切应有的尊重,然而……西班牙没有能力应对叛乱,已属显而易见。况且事实表明,它对古巴的主权就其合法存在的一切目的而论,也已失效。一场为重建这一主权而进行的无望斗争已退化为毫无意义的冲突,只不过是枉然草菅人命和彻底摧毁这场冲突的标的物而已。
>
> 那么,这时就将出现一种局面,在这种局面下,我们对西班牙主权的义务就将被更高的义务取代。我们对于承认和履行那种更高义务是几乎完全不能迟疑犹豫的……可能会有某个时刻到来,在那个时刻,一种对我们的利益的正确政策和关切,以及对其他国家及其公民的关心,再加上人道主义考量和希望看到一个与我们休戚相关的富饶地区免于彻底毁灭,将会迫使我国政府采取行动。①

---

① James D. Richardson, ed., *A Compilation of the Messages and Papers of the Presidents*, Vol. 14, pp. 6151—6154.

1898年4月20日,在国会参众两院通过授权总统对古巴实行武装干涉决议的当天,美国最受人重视的报纸《路易斯维尔信使日报》主笔亨利·沃特森发表社论,试图从美国人的价值观念中获取同西班牙开战的"正当"理由:

> 我们不需要在名称的档案馆里那已发了霉的记录中找到我们对这场战争的正当理由。我们在至高无上的法则中——高于土地的、动产的、人体的、人的灵魂的各种名称的法律的法则中——即人的法则、上帝的法则中找到了它。我们从自己的灵感中,从我们自己的命运中找到了它。我们从费城敲响我们自己主权的自由钟那里找到了它;我们在枪口下赢得我们独立的爱国者的鲜血里找到了它……①

总体来说,尽管麦金莱政府在对西班牙宣战的过程中尽量回避"门罗主义"这个字眼,然而,对这一时期干涉主义意识形态的细致审视却表明,美国的人道主义"责任论"在一定程度上仍然基于从"门罗主义"的精神演变而来的原则——协助任何希望摆脱欧洲专制主义和压迫的美洲人民的神圣"责任"。

---

① Encyclopedia Britannica, *The Annals of America*, Volume. 12, 1895—1904, *Populism*, *Imperialism*, *and Reform*, 1976, p. 194. 转引自刘绪贻、杨生茂主编:《美国通史(第四卷):崛起和扩张的年代1898—1929》,北京:人民出版社,2008年,第95—96页。

例如,科克伦众议员宣布将支持 5000 万(古巴)人民的法案,因为它是"实现天定命运的又一个向前迈进的预兆……将新世界奉献给自由与共和主义"。① 诺顿众议员断言,"这个国家应成为上帝建立遗产目标的实现地,它建立在伟大的基础原则之上,即人民的权利构成了美国制度的主要基石"。②

本质上,为自由而进行干预的理想具有传统"天命论"的元素——美国卓越的道德属性,以及由于这种属性而代表上帝天意(Providence)的观念。例如,《哥伦布快报》认为,"推动今天美国参战的动机如此纯洁、理想如此崇高的国家——即便有的话,也是罕见的"。但它又马上补充说,这是意料之中的事情,因为"从未有过如此伟大的政府",它"在为自己所做的一切事情上"以及"在为人类所承担的责任上都得到了神的帮助"。③《堪萨斯城时报》则断言:"任何其他人都不可能被那种鼓励和刺激人类事务进步的力量委托去做这项工作。"④沃尔科特参议员则宣称:"必须打……这场战争,因为永远作为自由的哨兵站在西半球是这个共和国的显然天命。"⑤

鉴于国会参众两院在授权总统对古巴武装干涉的决议中

---

① *Congressional Record*, 55th Cong., 2d sess., p. 2611.

② *Congressional Record*, 55th Cong., 2d sess., p. 2879.

③ Columbus Dispatch, quoted by *Public Opinion*, XXIV (1898),
p. 520.

④ Kansas City Times, ibid.

⑤ *Congressional Record*, 55th Cong., 2d sess., p. 3893.

附加了《泰勒修正案》(Teller Amendment)——"合众国特此宣告,对于该岛除进行平定之外,绝无任何行使主权、司法管辖权或控制之图谋或意向,并申明决心在平定完成后,将该岛的管理和控制权交还给该岛的人民",①因此,考虑到《泰勒修正案》事先排除了战后吞并古巴的可能性,1901 年陆军部长伊莱休·鲁特设计了《普拉特修正案》,表面上支持古巴的"独立",但又赋予美国干预的权利,以"维持一个足以保卫生命、财产和个人自由的政府"。②

关于《普拉特修正案》的立法动机,参议员奥维尔·普拉特——"修正案"名义上的作者——解释说,由于古巴人"就像孩子一样",美国人必须"在事态严重恶化的情况下,直接解决问题"。③

不过,相形之下,鲁特的推理就复杂精微一些——美国有权直接依据"门罗主义"对古巴进行管束,他现在仅仅是想把

---

① James D. Richardson, ed., *A Compilation of the Messages and Papers of the Presidents*, Vol. 14, p. 6298.

② 《普拉特修正案》第 1 条说:"古巴政府不得与任何外国一国或数国缔结任何损害或倾向于损害古巴独立的条约或其他契约,也不得以任何方式授权或允许任何外国一国或数国以殖民方式,或为了陆军的、海军的或其他目的,在该岛的任何一部分取得进驻或统治权。"对熟悉门罗主义观念发展史的人们来说,不难从这些话语中捕捉到某种隐晦表达的门罗主义幽灵。然而,第 3 条走得更远,它公然宣称:"古巴政府同意,为了保持古巴独立,维持一个足以保卫生命、财产和个人自由的政府并履行《巴黎和约》所规定的合众国对古巴的义务……合众国可以行使干预的权利。"参见 Elihu Root, *The Military and Colonial Policy of the United States*, Harvard University Press, 1916, p. 213.

③ Walter L. Hixson, *The Myth of American Diplomacy*: *National Identity and U. S. Foreign Policy*, Yale University Press, 2008, p. 110.

美国的这项权威写进由国际法所认可的条约（和宪法）。① 换言之，在鲁特看来，《普拉特修正案》中的干涉条款"只是门罗主义的延伸"，并赋予美国保护古巴这个新共和国独立的更坚实的法律权利。②

一句话，鲁特小心翼翼地避免把《普拉特修正案》说成是"帝国主义的"安排。相反，他把它包装成古巴独立唯一可行的路径，也是作为"反殖民主义"的门罗主义的合理"延伸"，意在平衡国际目标和国内政治的必要性——在追求海外扩张利益和在国内保持他们坚守美利坚民族传统的观念之间寻求一种"可以接受的"适当妥协。

关于门罗主义与干涉拉美国家内政外交的逻辑"关联"，鲁特后来在一次演讲中进一步作出辩解：

> 门罗主义并不主张、暗示或涉及美国方面的任何权利来损害或控制任何美洲国家的独立主权……门罗宣言是说，美国的权利和利益涉及维持一个条件，而要维持的条件只是所有美洲国家的独立……美国本有权反对任何别的美洲国家实施美国认为可能对其和平与安全有害的行为，正如它有权反对任何欧洲列强的（同样）行为一

---

① 孔华润主编：《剑桥美国对外关系史（上）》，王琛等译，北京：新华出版社，2004 年，第 432 页。

② R. M. Ortiz, *Los Primeros Años de Independencia* (Paris, 1929, 2 vols.), I, p. 294. 转引自 Dexter Perkins, *The Monroe Doctrine*, 1867—1907, p. 404。

样；也正如所有欧洲和美洲国家都有权反对针对彼此的(类似)行为一样。所有这些权利都是美国本应具有的，就像其他美洲国家现在具有的那样……它们不是优越的权利，而是平等的权利……不过，凑巧的是，美国比别的美洲国家要庞大得多、强大得多。当一个非常强大的国家向一个弱小的国家提出要求时，人们很难避免一种印象，即在更强大的国家提出主张时，存在着更高等的权威——即便前者的要求仅仅是基于平等主体之间的权利。①

基于这样的理解，考虑到美国是西半球的"领导和承载性大国"的当然事实——这意味着美国的国家安全(至少在心理层面)范围与西半球这个地理大空间高度重合，因此其他美洲国家的"独立"状态就并不仅仅是它们的私事，而是与美国的"权利和利益"紧密相关。

由此一来，依据"门罗主义"的观念结构，假如拉丁美洲国家在"域外"强国的胁迫或诱惑下实施(或有可能实施)对美国"和平与安全"有害的行为——即便该行为只是美国主观上想当然地"推定"其对自身"和平与安全""有害"(如向"域外"强国转让领土或港口的使用权等)，那么，在这样的时候，这些国家的"独立"状态据此可判定为已遭到实质"损

---

① Elihu Root, "The Real Monroe Doctrine", *The American Journal of International Law*, Vol. 8, No. 3 (Jul., 1914), pp. 433—437.

害",美国不仅可依据"门罗主义"断然消除,或甚至像美西战争后的古巴那样"预防性地"消除这种对美国"和平与安全"有害的特定情势,与此同时,它还可以辩称:自己才是西半球国家"独立"和"主权"的捍卫者!

美西战争结束后,美国"预防性地""捍卫"古巴"独立"和"主权"考量的理据,鲁特在一封书信中袒露了心迹:

> 如果我们把政权移交给古巴政府,从岛上撤退,然后转而与新政府签订条约,就像我们与委内瑞拉、巴西、英国和法国签订条约那样,任何外国都不会再承认我们有任何权利干涉它可能与古巴发生的任何争吵,除非这种干涉是基于门罗主义的主张。但是,门罗主义不是国际法的一部分,从来没有获得欧洲国家的承认。这些国家之中有哪个国家想要测试美国为捍卫这一原则而发动战争的意志,这一点谁也说不准。如果在古巴进行试验,那将是非常糟糕的事情。①

这意味着,根据《普拉特修正案》,"预防性"干预的权利不仅体现在保护美国的利益和防止古巴激进分子的统治,还向欧洲的对手发出一个明确的信号:尽管美国没有吞并古巴,但它仍然控制着这个岛屿。为了使该问题具有更明确的法律

---

① Hermann Hagedorn, *Leonard Wood, A Biography* (New York, 1931, 2 vols.), Vol. 1, pp. 340—341. 转引自 Dexter Perkins, *The Monroe Doctrine*, 1867—1907, p. 399。

依据,鲁特曾于 1901 年 1 月 11 日写信给国务卿海约翰,明确建议在"古巴基本法"中也加入类似的条款,以维护美国的利益。①

与此同时,另一个事例也很耐人寻味:随着局势的发展,过去大多数外交政策和舆论精英对古巴革命者的语调很快从颂扬变成了贬低。例如,根据杨格将军的观察,古巴叛乱分子"完全没有荣誉或感激",他们"与非洲的野蛮人一样,没有能力自治"。②《波士顿日报》更是提出:"假如无论古巴的哪个政治集团碰巧占据了最重要的地位,让他们随心所欲,不加限制或保证地统治这个岛屿,这将对古巴的安宁及世界和平构成威胁。"③众议员斯卡德尔恼怒地谈到古巴那些寻求真正独立的碍手碍脚的政客们:"这个共和国简直是在乱弹琴。"④即使是那些在判断上不那么苛刻的人也感到古巴人目前的自治能力相当可疑——曾经呼吁对统治不善的西班牙人发动战争的秩序理想,现在也要求对古巴人采取限制行动。⑤

---

① Hermann Hagedorn, *Leonard Wood, A Biography* (New York, 1931, 2 vols.), Vol. 1, pp. 421—422. 转引自 Dexter Perkins, *The Monroe Doctrine*, 1867—1907, p. 399。

② Walter Millis, *The Martial Spirit*: *A Study of Our War with Spain*, Boston, Houghton Mifflin Company, 1931, p. 362. 转引自 Albert K. Weinberg, *Manifest Destiny*: *A Study of Nationalist Expansionism in American History*, p. 425。

③ Boston Journal, quoted by *Public Opinion*, XXX (1901), p. 293.

④ *Congressional Record*, 56th Cong., 2d sess., p. 3371.

⑤ Albert K. Weinberg, *Manifest Destiny*: *A Study of Nationalist Expansionism in American History*, p. 425.

　　概言之,美国统治阶层普遍认为,由于古巴人在种族上的低劣,他们显然还不具备享有真正意义上"独立"和"主权"的资格和条件。更关键的是,古巴在地理上属于西半球,当地不稳定情势的存在不仅对美国的"和平与安全"构成潜在"危害",甚至还有可能危及"世界和平"!

　　因此,如果说1898年干涉主义者的利他主义意识形态最强调对古巴人的"责任",那么,到《普拉特修正案》这里,其捍卫者的利他主义意识形态则主要强调对世界的"责任"。例如,1900年塔尔科特·威廉姆斯教授提出:"在一个变得像我们这样小的世界里,没有组织和混乱无序是不被允许的。"同年,《展望》杂志指出,"要么我们必须承担起维持现代世界秩序的责任,要么我们必须停止从其他国家在这个方向上所做的事情中获利"。①

　　总之,在很多人看来,事态相当明显:假如严格遵循《泰勒修正案》,放弃对古巴的控制和管理,美国的"和平与安全"将会与古巴落入西班牙手中一样危险。正是基于这样的推理,当1901年《普拉特修正案》正式确立美国对古巴的保护国地位时,原本持坚定反帝国主义立场的乔治·霍尔参议员将其描述为"适用门罗主义的适当且必要的规定"。②

　　霍尔的观点转变并非孤例,反帝国主义者普遍认为,门罗

---

　　①　Talcott Williams, "The Ethical and Political Principles of 'Expansion'", *The Annals of the American Academy of Political and Social Science*, Vol. 16 (Sep., 1900), p. 240; *Outlook*, LXVI(1900), p. 151.

　　②　*Congressional Record*, 56th Cong., 2nd sess., p. 3145.

主义为建立一个保护国而非吞并提供了正当理由。例如,民主党领袖威廉·詹宁斯·布莱恩认为,美国早就根据门罗主义充当了中、南美洲共和国的保护者。不仅如此,他还区分了欧洲和美国的保护国:

> 欧洲的保护国往往导致监护人对被保护国家的掠夺。美国的保护国使其得到我们力量优势的加持,而不是让它成为我们贪欲的牺牲品。75 年来,门罗主义一直是近邻共和国的保护伞,但它并没有给我们带来任何经济负担。①

后来,1904 年颁布的巴拿马宪法中第 136 条同样赋予美国在巴拿马进行"干预……重建公共安宁与宪法秩序的权力"。② 这样一来,原本仅针对古巴的《普拉特修正案》便被移植到巴拿马。本质上,鲁特的做法是将美国与古巴之间的霸权关系变成法律形式,使其在国际社会的眼中稳定下来并合法化。尽管这种实践确实反映了鲁特本人的法律主义信仰,但是,通过塑造傀儡国家的宪法进而为未来的美帝国提供法律框架的做法只有在遭受美国军事占领或胁迫的国家才会得

---

① "Imperialism," in William Jennings Bryan, *Speeches of William Jennings Bryan*, Vol. 2, ed. Mary Bryan (New York, NY: Funk & Wagnalls Company, 1909), pp. 46—47.

② Benjamin Allen Coates, *Legalist Empire: International Law and American Foreign Relations in the Early Twentieth Century*, New York: Oxford University Press, 2016, p. 118.

到"同意",因而并非一种可以扩展的帝国统治模式。

美西战争后,从"门罗主义"推断出来的另一个"警察权"的责任声明与斯坦福大学校长、"反帝国主义者"大卫·斯塔尔·乔丹有关。1898 年 5 月 25 日,在以斯坦福大学毕业班学位授予典礼致辞为蓝本的小册子中,他首先提醒人们:

> 华盛顿所梦想的美国应当在自身内部变得强大,应当避免与外国结盟,应当远离一切与她自己无关的战争和狂热,不应获取任何不可能自治的领土,不应攫取任何不可能被并入美国的省份。他的追随者们严格遵守这一政策。即使是对法国的感激,也没有使我们成为她对抗英国的猫爪。没有任何同情的流露使我们代表爱尔兰、亚美尼亚或希腊进行干预。①

然而,在西半球内部,美国却必须担负起监护人和老大哥的"责任",这是由于:

> 我们要保卫的共和国(拉丁美洲国家——笔者注)实际上只是名义上的共和国。他们并不比意大利或西班牙更具有共和精神,更远不及英国或德国。……两个美洲的监护人(美国——笔者注)必须使用强有力的

---

① David Starr Jordan, *"Lest We Forget"*: *An Address Delivered Before the Graduating Class of 1898*, Leland Stanford Jr. University, on May 25, 1898, p. 18.

手段,才能将所有被监护人从野蛮中拯救出来。因此,门罗主义不只是保护我们的姐妹共和国免受欧洲侵略的意志,它必须成为一种使他们遵守秩序的手段。门罗主义一经提出,我们就必须在一定程度上确保南美洲(国家)的行为端正。①

很显然,这样的推理过程与西奥多·罗斯福对门罗主义的"推论"已经相当接近——何况它竟然出自一位颇有名望的"反帝国主义者"之口。

---

① David Starr Jordan, *"Lest We Forget"*: *An Address Delivered Before the Graduating Class of 1898*, p. 20.

第三章　支配世界：美国对外干预法权学说的起源与演进（下）

菲律宾人……必须首先接受法律约束和热爱秩序，并本能地臣服于它……我们在这方面成熟多了，必须当他们的导师。

——伍德罗·威尔逊

一、"罗斯福推论"与"国际警察权"学说

西奥多·罗斯福是美国外交史上承前启后的人物，正是他引导美国从现实主义和权力政治角度重新校准与世界的关系，并在 20 世纪初开创了国家扮演全球角色的新框架。罗斯福的治国之道以坚持"文明"的意识形态著称，其基本特征是以"文明"发展的趋势和特定文明进步或衰落趋势为背景来

衡量每一个国际问题。① 对他来说,历史乃是种族斗争的历史,是世界上各种族为争夺霸权和权力而斗争的历史——种族冲突的历史为文明和进步指明了方向:更高级、更文明的种族往往战胜较低级、野蛮或未开化的种族。②

罗斯福认同 19 世纪法国种族理论家阿瑟·戈比诺的社会达尔文主义。后者声称,历史意味着最强大种族的胜利,"'文明'只有在一个种族征服另一个种族的地方才会出现"。因此,"种族"概念与"帝国主义"有着内在的联系,它定义了一个文明的活力、智慧和耐力:既有低等种族,也有高等种族;他们的平等交往是不明智的,除非他们是统治者和被统治者。③

然而,应当指出,罗斯福的世界并不是一个经典的霍布斯世界,原因在于,作为历史进程的"文明"通过道德的传播和美德的强化在世界范围内带来了秩序。④ 因此,在帝国主义

---

① "文明"是罗斯福外交哲学的核心,但是,即便在罗斯福本人那里,"文明"也是个含义相对模糊的概念。历史学家宁科维奇认为,罗斯福所说的"文明"乃是一种道德过程的信念。参见 Frank Ninkovich,"Theodore Roosevelt: Civilization as Ideology", in *Diplomatic History*. 1986, 10(3), pp. 223—242。笔者认为,罗斯福的"文明"作为话语和规范性权力,仅仅属于强者,并由强者垄断解释的权利。

② Gary Gerstle, "Theodore Roosevelt and the Divided Character of American Nationalism", *The Journal of American History*, Vol. 86, No. 3, (Dec., 1999), p. 1283.

③ Kristofer Allerfeldt, "Rome, Race, and the Republic: Progressive America and the Fall of the Roman Empire,1890—1920", *The Journal of the Gilded Age and Progressive Era*, Vol. 7, No. 3 (Jul., 2008), pp. 313—314.

④ Frank Ninkovich, "Theodore Roosevelt: Civilization as Ideology", p. 231.

的背景下使用武力绝不是简单的无政府主义,相反,法律和秩序将得到维护,"文明"国家的武装干预将为世界带来和平,帝国主义能够确保"世界的每一个角落都实现繁荣和得到良好的监督"。换言之,这种"文明"的概念内在地要求"野蛮"民族融入和遵守(西方)规定的秩序,而美国则有义务以"进步""效率"或"发展"等名义进行干预。①

不过,"文明"与"野蛮"民族之间和平共处是不可能的——"长远看,文明人发现只有征服他的野蛮邻居才能维持和平,因为野蛮人只会向武力屈服"。这隐晦地表明:"文明"不仅意味着强国征服落后民族的权利和荣耀,也意味着它们在国际领域建立秩序的责任和使命。最终,帝国主义外交和"文明"强国之间的关系形成了一个从暴力到秩序的相互关联的逻辑统一体。②

(一) 西奥多·罗斯福及其"文明""进步"观

在美国外交史上,尽管大规模海外干预行动始于 1898 年的美西战争,但是,只有到西奥多·罗斯福总统这里,通过对门罗主义进行"延伸"或"推论",在美国对外关系史上延续一个多世纪的不干预主义传统才正式走向终结;此后,美国的干预不仅更加频繁和有系统,范围和目标也越来越广泛了。罗

---

① David Ryan, *U. S. Foreign Policy in World History*, (London: Routledge, 2000), p. 76.

② Frank Ninkovich, "Theodore Roosevelt: Civilization as Ideology", pp. 232—234.

斯福推论问世,标志着美国第一次提出了系统的对外干预学说,在美国外交史上占有重要"分水岭"地位。

一般而言,西奥多·罗斯福被公认为美国外交史上为数不多持现实主义观点的政治家。但是,如前所述,受 19 世纪末社会达尔文主义和种族思潮的浸染和影响,他也强调"进步""文明"等"道义价值"对国家权势的激发与指引功用。由此可见,罗斯福心中的"进步"和"文明"已褪去了决定论和自由放任的内涵,在外交事务中展示出积极的、有目的的、强有力的意义。

不仅如此,在他看来,由于美国的扩张最具仁慈、利他与开明特征,因此张扬这些道义价值与实现美国的现实利益可以并行不悖,甚至相得益彰。基于这样的"逻辑",在国际关系中,美国永远代表正义的一方,并有责任按照自己的模式改造一切落后民族。背后的潜台词是,任何国家,只要它反对美国,便自动失去了道义基础。① 如此一来,通过把美国的国家利益与人类的福祉与进步等同起来,罗斯福就为美国推进国家利益的自私行为罩上了一层耀眼的利他主义光环。

自然地,既然罗斯福赋予美国的行为以道义上的优势,他

---

① Ronald E. Powaski, *Toward an Entangling Alliance: American Isolationism, Internationalism, and Europe, 1901—1950*, Greenwood Press, 1991, p. 2; David H. Burton, *Theodore Roosevelt: Confident Imperialist*, Philadelphia: University of Pennsylvania Press, 1968, pp. 62—102; James R. Holmes, *Theodore Roosevelt and World Order: Police Power in International Relations*, Potomac Books, Inc. 2006, pp. 68—69; 朱卫斌:《西奥多·罗斯福与中国:对华"门户开放"政策的困境》,天津古籍出版社,2005 年版,第 18、23 页。

也就能理直气壮地要求美国行使"国际警察"的广泛权利。①
其"逻辑链条"是这样的:以美国为首的西方"高等国家"(Superior Nations)具有征服和统治世界的天然权利;反过来说,
这种权利又是由它们自身的先进"文明"程度和统治落后民
族的能力所内在赋予的。维护法律和秩序是高等国家义不容
辞的责任,否则世界会倒退到混乱与失控的状态;而落后的野
蛮民族也会在高等国家教导与管制下,获得关于建立自治政
府的真谛等"文明"素养,因而获益。②

这样一来,一个雄健、进步、文明的美国应当扮演的角色
就显而易见了——"为了'文明'的利益,美国本身作为英语
民族的最大分支,理应在西半球占据主导地位。"③因此,美
国对弱小或落后民族的武装干涉,非但不是对其主权或自决
权利的践踏,反倒是基于美国文化中的"使命"观念,通过承

---

① 朱卫斌:《西奥多·罗斯福与中国:对华"门户开放"政策的困境》,第 23 页。

② James R. Holmes, *Theodore Roosevelt and World Order: Police Power in International Relations*, p. 102; David H. Burton, *Theodore Roosevelt: Confident Imperialist*, p. 30. 罗斯福还宣称:"对任何一个自身还没有达到高度文明的民族来说,最好的结果就是吸收美国或欧洲的文明和基督教思想并从中受益,而不是屈服于外来的控制。不过,尽管这种控制有种种缺陷,在很多情况下,对于居住在地球上最黑暗角落的人民来说,却是他们在精神和物质方面取得进步的先决条件。"参见 *The Works of Theodore Roosevelt*, (20 vols.: Memorial Edition, New York: Charles Scribner's sons, 1925), XVIII, p. 344。转引自 Clarence A, Renouard, *Basic Foreign Policy Concepts of Theodore Roosevelt*, Unpublished Dissertations, A. M, The University of Chicago, 1959, p. 30。

③ Clarence A, Renouard, *Basic Foreign Policy Concepts of Theodore Roosevelt*, p. 31.

担"优秀"种族的责任对"劣等"民族施行教化与拯救,因而是值得肯定和褒扬的利他主义行动。由此可见,美国的国家身份和使命意识既赋予其对外干涉的权利,也为隐性的帝国政策提供了合法化解释。① 毫不奇怪,在罗斯福眼中,英国在印度和埃及、法国在阿尔及尔、俄国在中亚的殖民统治全都是有利于"文明"扩张的"正义"事业:

> 文明的每一次扩张都将导向和平安宁;换言之,一个文明国家的每一次扩张,都意味着**法律**、**秩序和正义**的胜利。19 世纪每一个扩张事例中都是这样的情形,不论扩张的国家是法国还是英国,俄国还是美国。每一次扩张都产生了好处——与其说扩张的国家受益,毋宁说全世界都因此而受益。与停滞不前的民族相比,每一事例的后果都表明扩张的国家对文明尽到了更加重大的责任。②

这段话的弦外之音是:正如在主权国家内部一样,在国际领域同样存在执法和管制权力(进而实现与国内相似的法律、秩序和正义统治);而为了填补无政府状态与国际秩序之间的断裂与空隙,诸如美国这样的"高等国家"将不得不在国境外

---

① 胡欣:《美国帝国思想的对外政策含义:对国家身份、意识形态和国际秩序观的历史解读》,第 309 页。

② Perry E. Gianakos and Albert Karson (eds.), *American Diplomacy and the Sense of Destiny*, *1885—1966*, Belmont, California: Wadsworth Publishing Company, Inc., 1966, Vol. 1, p. 47.

行使某种准法律意义上的"警察权"。① 由于在长期的生存竞争中逐渐习得了最必需的自治能力而进化到人类文明顶峰,盎格鲁—撒克逊英语民族乃是世界上最值得称赞和信赖的"文明"输出者,而美国又充当英语民族的刀锋和最前列,因此,它将义不容辞地担负起领导建立和平世界秩序的重任。②

(二)"国际警察权"学说的政治哲学基础

罗斯福的国际警察权学说不仅与他对国际体系中"法律""秩序"和"正义"的广义理解相关;也与渐进变革与秩序之间适当平衡的普遍信念密不可分。③ 与那个时代的普通美国人一样,罗斯福相信政府的"社会契约论"起源——政府统治的合法性源自公众认可和授权,而这种神圣契约反过来又约束政府在国内和国际体系两个层面维持秩序之同时促进公共利益。

要言之,社会契约约束着一个民族和他们的政府(无论其体制如何),其中领导人通过承诺保护公民自由和增进公共利益以换取统治的正当权力。这种观点的一个潜在推论是:那些未能履行对国民的庄严承诺,或者对其他"行为端正"国家的

① James Holmes, "Police Power: Theodore Roosevelt, American Diplomacy, and World Order", *The Fletcher Forum of World Affairs*, Vol. 27:I, Winter/Spring, 2003.

② David H. Burton, *Theodore Roosevelt: Confident Imperialist*, p. 146;James R. Holmes, *Theodore Roosevelt and World Order: Police Power in International Relations*, pp. 63—68.

③ Jeffrey A. Engel, "The Democratic Language of American Imperialism: Rrace, Order, and Theodore Roosevelt's Personifications of Foreign Policy Evil", *Diplomacy & Statecraft*, Vol. 19, 2008, p. 673.

利益构成现实威胁的政府都将自动丧失统治的合法权利,并成为美国这样的"高等国家"废黜或推翻的合适目标。① 显然,这样的话语和逻辑不仅为罗斯福的"国际警察权"学说提供了论证和支持,也为后来美国对外关系的更深远变迁奠定了基础,尤其是伍德罗·威尔逊最富有革命性的外交政策。②

　　早在 1902 年,罗斯福就主张大国行使国际警察权:"日渐相互依赖和错综复杂的国际政治经济关系,使所有'文明'与爱好和平的国家在全世界实施国际警察制度变得刻不容缓。"③同年,他在国会咨文中又宣称美洲的独立国家丝毫无需担心来自美国的侵略。但是,在这一保证后面附加了一条潜藏的警告——它必须"维持国内秩序,履行对外国人的正当义务"。④

　　1904 年他又进一步宣告:"为了人类的进步,需要政治上更成熟的民族来统治那些无法有效自治的落后民族。人必须有政府,要么自我管理,要么服从外来政府的统治。如果因为

---

　　① Jeffrey A. Engel, "The Democratic Language of American Imperialism: Race, Order, and Theodore Roosevelt's Personifications of Foreign Policy Evil", p. 677. 这种论调与伯吉斯的观点如出一辙:法律、秩序及与其一致的真正自由在全世界都应当占据统治地位,这符合文明整体的利益——任何国家或类国家不能维持这种地位,对世界各地的文明都是一种威胁。

　　② Jeffrey A. Engel, "The Democratic Language of American Imperialism: race, order, and Theodore Roosevelt's Personifications of Foreign Policy Evil", p. 671; David H. Burton, "Theodore Roosevelt: Confident Imperialist", *The Review of Politics*, Vol. 23, No. 3 (Jul., 1961), p. 370.

　　③ Ronald E. Powaski, *Toward an Entangling Alliance: American Isolationism, Internationalism, and Europe*, 1901—1950, Greenwood Press, 1991, pp. 1—2.

　　④ Albert K. Weinberg, *Manifest Destiny: A Study of Nationalist Expansionism in American History*, p. 427.

无法无天、反复无常、愚蠢或自我放纵,那么被征服就是他们必须接受的命运。而摆脱这种(外来)统治的唯一途径就是向世界展示其自治能力。独立自主绝非馈赠的礼物;它只有通过社会成员的努力才能获得。"在此之前,"文明国家"有责任在那里建立和维持一个稳定的政府,直到当地人民能够自我管理并维持它为止。① 这可以看作是他对"国际警察权"学说最早的系统论述。

不过,需要指出,落后民族是否满足"自治"的基本要件固然是美国等"高等国家"行使"警察权"的标准和依据,但这种判断的裁量权永远只掌握在后者手中。正是基于这样的偏见,他断言有些国家根本不适合自治,其"民主"是一场骗局,他们对正义和权利的侵犯,使"文明"国家的干预势在必行。

(三) "罗斯福推论"的文本分析

在 1904 年致国会的总统咨文中,通过将"国际警察权"与"门罗主义"进行表面的嫁接,罗斯福正式宣告了一种新型帝国主义模式的诞生:②

---

① David H. Burton, "Theodore Roosevelt: Confident Imperialist", pp. 363; 370.

② James R. Holmes, *Theodore Roosevelt and World Order: Police Power in International Relations*, p. 3. "罗斯福推论"与此前提出的"门户开放"照会一起,共同框定了 20 世纪美国新型帝国主义模式的基本内容:不以获取有形殖民地和构建排他性势力范围为目的;相反,以美国超群的经济和军事实力为后盾,意在为工业—金融资本在全世界无障碍地获取原料和进入市场进行背书。这两大要素最终在伍德罗·威尔逊发表的"十四点计划"中融合为一个有机的整体。

任何行为端正的国家都能获得我们的真诚友谊。
倘若一个国家懂得如何在社会政治问题上效率而体
面地行事,能维持国内秩序并偿还外债,其无须担心
来自美国的干预。在美洲或其他地方,长期的为非作
歹,或无所作为导致"文明"社会纽带普遍松弛,最终
需要某个"文明"国家进行干预。在西半球捍卫门罗
主义的美国尽管不大情愿,但在出现了那类为非作歹
或无所作为的恶劣情形时,将不得不行使国际警察
权力。①

这里的弦外之音特别值得留意。"长期"描述的是一种
持续存在且不太可能自我纠正的无政府状态;"为非作歹"的
定性,则为这种无政府状态赋予了某种类同犯罪的道德意涵。
倘若分别来看,这或许只是对无政府主义或暴政的简单指控。
然而,通过使用"长期为非作歹"这样的措辞,表明他心目中
真正的罪过乃是更深层次的东西,即"文明"状态的普遍和有
害缺失,并不得不通过外部强权施加的秩序来重新安排对象
国的政治和社会结构。② 因此,在罗斯福眼中,世界上的大多
数问题——即便不是全部,都归咎于数量越来越少"野蛮"的

---

① Arthur S. Link and William M. Leary, Jr. (eds.), *The Diplomacy of World Power: The United States, 1889—1920*, New York: St. Martin's Press, 1970, p. 75.

② Jeffrey A. Engel, "The Democratic Language of American Imperialism: Race, Order, and Theodore Roosevelt's Personifications of Foreign Policy Evil", pp. 683—684.

麻烦制造者的不当行为。① 他继续论证说：

> 我们与南方邻国的利益实际是高度一致的。他们拥有巨大的自然财富，只要法律和正义得到伸张，繁荣必会随之而来。在遵守文明社会基本律法的情况下，他们大可不必担心（外来干预）……只有在万不得已的情况下——当他们在国内外无力或不愿伸张正义的行为明显侵害了美国的权利时——我们才会进行干预……毫无疑问，任何国家，无论在美洲或其他地方，只要希望维护独立和自由，最终都必须认识到，这种（独立和自由的）权利绝不能与享有这种权利的责任相分离。②

在意识形态合法化的"罗斯福推论"中，最重要的概念性举动莫过于宣称美国"与南方邻国的利益实际是一致的"：这种意识形态上的利益融合意味着，即使美国声称拥有单方面决定何时何地进行干预的权力，它也可以辩称，受影响的国家不应将美国的监督看作基于强加的等级制度的入侵，而应视之为一种互利的过程（这种思想也构成"威尔逊主义"的核心）。

---

① Frank Ninkovich, *The Global Republic: America's Inadvertent Rise to World Power*, The University of Chicago Press, Chicago, 2014, p. 81.

② Arthur S. Link and William M. Leary, Jr. (eds.), *The Diplomacy of World Power: The United States, 1889—1920*, New York: St. Martin's Press, 1970, p. 75.

这是因为,在以门罗主义为基底的"美洲体系"内,美国历来认为自己不是在操纵均势政治或赤裸裸的剥削,而是在管理一种基于自身硬实力霸权、以仁慈霸权的身份定义的"文明"概念以及坚持这种文明秩序是基于根本上相同或和谐的国家利益。基本假设是,只有美国才有权确定"共同利益",并根据"共同利益"行事。这一未被阐明但却具有核心意义的原则是理解美国全部干涉主义意识形态的关键。①

当然,就"罗斯福推论"提出的直接背景来看,其无异于正式宣告拉美国家必须以不冒犯美国或诱使其他大国干涉其事务的方式行事。② 然而,从"推论"引申出来的更深层"逻辑"却是:"落后"国家的"主权"仅仅是依附或从属于美国"权利"与"自由"的派生物,但绝非神圣不可侵犯的"更高"价值或目的本身。在此意义上,罗斯福阐述的非但不是门罗主义的"推论",反而等同于公布了一项全新的外交原则。

事实确实如此。正是由于它具有的颠覆性意涵,"罗斯福推论"一经提出,立即被当时的观察家公认为构成了美国外交政策的分水岭——《纽约时报》《太阳报》《论坛报》及《华盛顿邮报》都对咨文全文进行了转载。③

---

① Adam Quinn, *US Foreign Policy in Context: National Ideology from the Founders to the Bush Doctrine*, Routledge, 2010, p. 75.

② Edward Weisband, *Ideology of American Foreign Policy: A Paradigm of Lockian Liberalism*, p. 32.

③ Cyrus Veeser, "Inventing Dollar Diplomacy: The Gilded-Age Origins of the Roosevelt Corollary to the Monroe Doctrine", *Diplomatic History*, Volume 27, Issue 3, June 2003, p. 320.

总之,"罗斯福推论"包含的意识形态是异常复杂的观念结构或多种观念的合成物:美国作为西半球的领导者和保护者(以及潜在的盎格鲁—撒克逊种族优越于西班牙裔种族的等级意识),美国作为"文明"的欧洲在拉美地区利益的代理人,美国作为非美洲世界对抗拉丁美洲革命的保护者,美国在西半球特别是中美洲和加勒比地区的所谓"特殊利益",就连"天定命运"等形而上的要素也在潜意识里发挥了"神法优于实证法"原则发挥过的那种效果。但是,就国际警察权思想的核心来说,其无非是由于对象国未能履行伴随主权而来的"义务",这就赋予"文明"国家自行介入的"合法"权利:其既满足了美国自身的利益,也满足了文明世界更广泛的利益。①

(四) 精神实质与历史影响

本质上,"罗斯福推论"是一种对 20 世纪以来的国际政治生活产生了深远影响的现代干预主义宣言书。原因在于:首先,罗斯福没有把干预局限于合法的自我保护措施,而是一种除剥夺独立权之外无所不包、抽象的"警察权"。其次,与鲁特在《普拉特修正案》中的做法不同,他没有把干预限定在合"法"认可的场合,相反采取了一种宽泛的道德标准,从而为干预任何不能令人满意的行为或局势预留了空间。第三,其委婉表述的"国际警察权",实际上是把美国视作在西半球

---

① James Holmes, "Police Power: Theodore Roosevelt, American Diplomacy, and World Order".

垄断地行使干预权力的国家,是"凌驾于拉丁美洲所有国家之上的、一种如果说并非总是激活也是处于潜伏状态的更高主权"。[①] 最后,当时舆论普遍怀疑美国有吞并圣多明各的意图,"推论"的提出却使得美国能够在不实际占领殖民地的情况下继续行使实质上的帝国主义权力,而通过使用"法律""秩序""正义"和"效率"等带有"进步"意味的言辞,又可以削弱公众对它"帝国主义外交"的指责。[②]

　　还应看到,"警察权"的内涵与外延是动态演化的。[③] 1910 年,罗斯福在接受诺贝尔和平奖的演说中提议,由"文明"国家组建"和平联盟",不仅可以防止"文明"国家之间的战争,还能对"野蛮"国家共同行使"警察权"。[④] 这表明"警察权"既可由"文明"国家单独行使,必要时也可集体行使,就像 1900 年八国联军干预中国所表明的那样——在他眼中,这

---

　　① Albert K. Weinberg, *Manifest Destiny: A Study of Nationalist Expansionism in American History*, pp. 428—429;刘飞涛:《美国"现实政治"传统的缔造:亚历山大·汉密尔顿、亚伯拉罕·林肯、西奥多·罗斯福的外交及战略思想》,北京:世界知识出版社,2015 年,第 233 页。

　　② David Ryan, *U. S. Foreign Policy in World History*, pp. 77—78.

　　③ 1903 年巴拿马运河事件可以看作"罗斯福推论"的预演和首秀。罗斯福宣称,由于哥伦比亚政府虚伪、贪婪和愚蠢成性,其国会是一个"纯粹的傀儡"集会和"骗局",因此,作为主权国家,它"已经丧失了值得尊重的一切权利"。"如果迁就它,那就等同犯下一种应受谴责的罪过。"虽然没有得到哥伦比亚政府的同意,但修建运河本身符合"人类文明"的共同利益。Serge Ricard, "The Roosevelt Corollary", *Presidential Studies Quarterly 36*, no. 1 (March)2006, p. 20;Frederick W. Marks, III, "Morality as a Drive Wheel in the Diplomacy of Theodore Roosevelt", *Diplomatic History*, Volume 2, Issue 1, January 1978, p. 54.

　　④ Frank Ninkovich, "Theodore Roosevelt: Civilization as Ideology", p. 240.

是"高等国家"惩治"落后"民族"不法"行为而采取联合警察行动的绝佳例子。①

一句话,与观念保守的前辈政治家不同,西奥多·罗斯福着意将"门罗主义"重新校准为一项全新的、面向 20 世纪的积极外交政策——门罗主义的存在理由(raison d'état) 不仅是传统赋予的;更重要的是,为其注入全新的时代内涵更是美国崛起后无可回避的道义责任。他断言:"如果门罗主义还不存在,那就有必要立即建立它";其不能一直处于"石化"状态——要么放弃,要么修改,从而满足不断变化的国家生活需要和西半球"文明"的真正利益。②

总之,通过对门罗主义进行"再定义"和"再创造","罗斯福推论"不仅颠覆了美国在国际事务中不干涉他国内政的外交传统,其对剥夺和限制他国主权权利的辩护还构成了当今"主权相对论""主权责任论"的早期版本。正是由于这些原

① [美]罗伯特·西格著,刘学成等译:《马汉》,北京:解放军出版社,1989 年,第 501 页。不过,尽管"大棒"通常与罗斯福联系在一起,但威尔逊更倾向于使用它。对威尔逊来说,由美国扮演国际警察是替代(欧洲)帝国主义世界秩序的理想方式,而按照美国的形象重塑世界本身就是一种"反帝国主义"的形式。说到底,在"文明"强国向"不守规矩"和失去统治合法性的"野蛮"国家强制施加秩序的当然权利方面,威尔逊与罗斯福的观点可谓殊途同归。参见 Thomas Bender, "The American Way of Empire", *World Policy Journal*, Vol. 23, No. 1 (Spring, 2006), p. 59; Jeffrey A. Engel, "The Democratic Language of American Imperialism: Race, Order, and Theodore Roosevelt's Personifications of Foreign Policy Evil", pp. 671—673。

② Theodore Roosevelt, "The Monroe Doctrine", The Bachelor of Arts, March, 1896, in *Administration [and] Civil Service*, Putnam's sons, 1897, pp. 111—115.

因,罗斯福推论及其背后的弦外之音不仅谱写了美国的"干涉主义大宪章",而且预示着 20 世纪以来不断浮现的政策线索,构成了美国现代外交史上最经久不衰的一项传统。

二、威尔逊主义与美国作为"导师"的干预权利

学者们注意到,在处理 20 世纪初美国与外部世界的关系时,一个耐人寻味的现象是:与西奥多·罗斯福和威廉·塔夫脱(William Howard Taft,1857—1930)总统实施"大棒政策"或"金元外交"不同,威尔逊政府的主题却是与"政治变革"等更广泛、抽象的对外政策目标相联系的。[①] 此外,作为美国外交思想史的重要范畴,威尔逊主义历来是一个充满争议的概念,这从其诸多别称即可见一斑:[②]新外交(New Diplomacy)、理想主义外交(Idealist Diplomacy)、传教士外交(Missionary Diplomacy)、进步帝国主义(progressive imperialism)、家长式帝国主义(paternal imperialism)、自由国际主义(Liberal Internationalism)等等,不一而足。诚然,这些林林总总的称谓一定程度上

---

① Akira Iriye, *The Cambridge History of American Foreign Relations*, Vol. 3, Cambridge University Press, 1993, p. 35.

② 关于威尔逊主义(wilsonianism)的确切内涵,学界迄今没有定论。一般认为,威尔逊主义是威尔逊关于国际关系和对外政策的理念和信仰,其并非逻辑严密的理论体系,而是一些愿望、信念和标准,以及根据它们重建国际秩序的计划。由于坚持认为美国拥有改变世界其他地方行为的权力和职责,美国应当既关注其他国家处理国际事务的方式,也关注它们的国内政策,因而威尔逊主义往往显示出过度干涉主义和扩张主义的倾向。参见任李明:《威尔逊主义研究》,北京:中国社会科学出版社,2013 年,第 1—4 页。

反映了威尔逊主义的复杂性与多重面相,但是,透过这些驳杂
的面相和威尔逊本人极富特色的华丽辞藻,却也不难窥见一
个面目可憎的干涉主义内核。

实际上,威尔逊不仅运用外交承认、隐蔽行动、经济制裁
等手段扩展了对外干预的形式和途径,更重要的是,在继承罗
斯福推论思想方法基础上,[①]通过将美国塑造为超凡入圣的
"道德共同体",他以极端化方式对美国外交进行了空前绝后
的意识形态(甚至弥赛亚化)改造,继而为美国更频繁地——
甚至超越国家现实利益的理性追求限度——对外干预奠定了
至关重要的历史先例和思想基础。[②]

如果从一种涵盖性的通观视野来看,在美国对外干预思
想发展史上,与奥尔尼或罗斯福等人相比,威尔逊的最大不同
在于他坚持认为美国有进行干预的道德权利。例如,奥尔尼
和罗斯福在他们的推论中仅仅谈到了权力的现实,但威尔逊

---

① 威尔逊一定程度上继承了"罗斯福推论"的观念和方法,他甚至
将 1915 年对海地的军事行动与 1904 年罗斯福在巴拿马的行动进行类
比:"我们有采取与罗斯福在巴拿马地峡所走路线并无不同的危险。"参
见 Joan Hoff, *A Faustian Foreign Policy from Woodrow Wilson to George
W. Bush: Dreams of Perfectibility*, Cambridge University Press, 2008, p. 36。

② 据统计,在两届总统任期内,威尔逊一共进行了 7 次对外干预,
这一纪录至今仍未被超越(古巴,1917;多米尼加共和国,1916—1924;海
地,1914,1915—1917,1918—1919,1920—1924;墨西哥 1916—1917)。
不仅如此,美国在 20 世纪以来的多次海外干预行动中之所以越陷越深
(如越南战争)以致最终严重透支国力,其思想根源都可以追溯到威尔逊
这里。有学者指出:威尔逊关于美国使命的概念过于宽泛,以至于他看
不到美国在海外参与的适当限度,这令人担忧。参见 Richard M. Gam-
ble, "Savior Nation: Woodrow Wilson and the Gospel of Service", *Humani-
tas*, Volume XIV, No. 1, 2001。

却不是这样,他认为美国肩负着一项道德使命,那就是参与到拉丁美洲政府的内部事务中去——就此而言,甚至还要参与到全世界政府的内部事务中去,使其他国家的人民能享受到民主的好处。这样一来,威尔逊以道德目的为基础,主张干涉拉丁美洲国家内政的权利,从而将"门罗主义"的规范置于成熟的世界秩序概念结构中——这一概念所基于的前提是美国有寻求在西半球内部建立民主的道德责任。[①]

质言之,如果说作为罗斯福推论基石的"文明"概念主要基于 19 世纪的种族主义与世俗化理解,更多强调美国与帝国主义列强之间的"共性"(美国被理解为左右世界均势的砝码或管理者),[②]美国的国家身份是代表"文明"世界整体利益在西半球维持秩序的"国际警察";那么,到威尔逊这里,由于美国化身为给世界带来"福音"、居于历史之外并在德性上高人一等的"基督国家"和引领人类走向千禧年王国的精神"导师",他不仅重新复活了 19 世纪的"天定命运"概念(尽管其仍脱胎于 19 世纪种族主义母胎,作为"使命"的威尔逊主义本身可被理解为"天定命运"的 20 世纪观念版本,其指涉对象是"人权""民主""自决"等现代话语),而且赋予美国的国

---

① Edward Weisband, *Ideology of American Foreign Policy: A Paradigm of Lockian Liberalism*, p. 38.

② 例如,罗斯福在 1900 年曾经断言,如果英国不再能够维持欧洲的均势,那么美国将被迫卷入以重建均势:"实际上,基于实力和地理位置,我们正越来越成为全球均势的操纵者。"参见 Ronald E. Powaski, *Toward an Entangling Alliance: American Isolationism, Internationalism, and Europe*, 1901—1950, Greenwood Press, 1991, p. 3。

家身份以更加抽象的道德意涵。

事实上,正是由于以"人权""民主"和"自决"等话语为核心的威尔逊主义是以"反帝国主义"面目出现的新型"帝国主义",并具有类似"神法优于实证法"那样的"超越"性,因而美国干涉主义政策对他国主权的侵害超越了"权力"(对应于"奥尔尼推论")、"文明"(对应于"罗斯福推论")等具象性修辞,再披上一层温情脉脉的"无私""服务"面纱,变得更加"振振有词",也更具迷惑性。

(一)"进步主义"时代精神与美国对外关系取向的重塑

作为 19 世纪末 20 世纪初一种松散的、跨越党派界限的改革运动,进步主义不仅深刻改变了"美国政治生活的整体基调",①而且体现为一场思想运动和特殊的意识形态——经过进步主义思想洗礼,美国人产生了对政治生活的进步本质、国家的自由例外主义使命、社会和政治改革的有效性以及政治权力作为变革工具的全新看法。②

首先,在最根本意义上,与国父们相比,进步主义者对"人"的理解发生了重大变化。这是因为,在"整个 19 世纪,

---

① 一般认为,进步主义运动(progressive movement)是为应对 19 世纪末 20 世纪初美国工业化和城市化带来的全新社会和经济状况而发展起来的,时间跨度大致为 19 世纪 90 年代至 1920 年威尔逊总统任期结束。

② Arthur A. Ekirch, Jr., *Progressivism in America: A Study of the Era from Theodore Roosevelt to Woodrow Wilson*, New Viewpoints, 1974, p.19.

受圣经批判、地质学进展、达尔文进化论以及社会福音的世俗千禧年主义浪潮冲击,美国主流宗教信仰特征逐渐发生了变化";而"随着基督教变得更自由主义化,人类原罪的基本教义被剥离,关乎国家美德与纯洁性信仰的又一个障碍被移除了。'天命'取代'实验'成为国家生活的根基"。于是,"人"不再是上帝手中无助的罪人,而是有能力构建更加完美的社会和政治秩序。[1]

其次,对"进步"的理解也出现了一种微妙但重要的转变。早期的人们借鉴长期存在的现实主义思想传统,对产生进步变革的能力持怀疑和"悲观"态度——权力和政治斗争的普遍存在制约了人类进步和从本质上改变历史的能力。但是,进步主义者乐观地认为,通过政府的肯定性行动,进步过程可以人为加速。

最后是关于"权力"的新观点。根据早期的观点,即便美国也不可能幸免于历史的教训和权力的腐朽影响。乔治·华盛顿说,包括美国在内的任何国家都不能"被信任到超出其利益约束的程度"。[2] 然而,在进步主义者眼中,美国被认为是国际政治中固有的良性与救赎力量,其外交政策在性质上

---

[1]　Walter McDougall, *Promised Land*, *Crusader State*: *The American Encounter with the World Since 1776*, Mariner Books, 1997, p. 121.

[2]　Washington to Henry Lawrens, November 14, 1783, *The Writings of George Washington*, Vol. 10, John Fitzpatrick, ed. (Washington, D. C.: United States Printing Office, 1931—44), p. 2. 转引自 Jonathan Monten, "The Roots of the Bush Doctrine: Power, Nationalism, and Democracy Promotion in U. S. Strategy", *International Security* 29. 4 (2005), p. 127。

亦与众不同。进步时代思想敏锐的观察家莱茵霍尔德·尼布尔发现:美国人总是"倾向于假定我们的权力是由一个特别善良的国家行使的",因此可以信赖它在国际政治中不受约束地行使权力。① 帝国主义者和进步党人艾伯特·贝弗里奇更恰如其分地表达了这一信念:"上帝选择了美国人,让他们最终领导世界的复兴。"②一句话,美国是一个拥有特殊权利在世界上行使权力的特殊国家。

过去,"例外论"的使命仅限于树立榜样和进行实验,"进步主义"却催生了对推动进步可能性以及美国在海外实现自由变革能力的信念。③ 很显然,作为进步主义时代美国对外干预倾向的人格化身,这些思想观念不可能不对威尔逊产生触动和影响。④

(二) 威尔逊对"美国"含义及其"使命"的再造

在美国外交史上,威尔逊的独特之处在于他是继承并改

① Jonathan Monten, "The Roots of the Bush Doctrine: Power, Nationalism, and Democracy Promotion in U. S. Strategy", p. 146.

② *Congressional Record*, 56th Cong., 1st Sess., v. 33, pt. 1, 711 (1900)(Sen. Beveridge).

③ Jonathan Monten, "The Roots of the Bush Doctrine: Power, Nationalism, and Democracy Promotion in U. S. Strategy", *International Security* 29. 4, (2005), pp. 135—138. 在美国历史上,"例外论"指的是"由于美国独特的起源、民族信条、历史演变以及独特的政治和宗教制度,人们认为美国与其他国家有本质上的不同"。它在对外事务上表现为一种外交政策民族主义,认为美国的外交政策应该反映自由主义价值观——其将美国定义为一个政治共同体,并有意地区别于其他国家。

④ Walter L. Hixson, *The Myth of American Diplomacy: National Identity and U. S. Foreign Policy*, Yale University Press, 2008, p. 116.

变"使命"理想的美国领导人中最重要的一位。① 如前所述，19 世纪后期关于"美国"的流行定义是其源自英国的盎格鲁—撒克逊种族血统，以及占主导地位的新教—基督教习俗。虽然早期的威尔逊也将国家的起源追溯到英国的盎格鲁—撒克逊种族那里，但是，自 1880 年代后期特别是 1889 年与"边疆理论"创始人弗雷德里克·J·特纳（Frederick Jackson Turner，1861—1932）会面后，他开始将注意力从原始的血统根源转移到西部的边疆经验，以此作为塑造国家身份与认同的关键因素。

威尔逊思想上的这种转变，标志着他接受了现代自由主义的公民民族主义。② 这意味着对宪政民主的后天忠诚而非基于宗教或种族的先天身份使一个移民国家有了凝聚整合的形式："美国"与其说是地理概念或政治团体，毋宁是一种精神或"理念"的化身——正如他后来所说："国家靠精神成长，而不是靠血液。"③因此，威尔逊事实上重新定义了美国的国家身份："美国"不仅是"领土—主权"式国家，而且是证明了自由民主政府有效性，从而为人类指明了前进道路的"精神—理念"型国家。

---

① 由于美国的"使命"理念是古罗马、清教传统、启蒙思想、浪漫民族主义、社会福音理想和现代帝国主义等多种元素的混合物，因此它的形象、象征、隐喻和词汇的确切来源往往很难真正厘清。

② Lloyd E. Ambrosius, *Woodrow Wilson and American Internationalism*, Cambridge University Press, 2017, p. 104.

③ Tony Smith, *Why Wilson Matters: The Origin of American Liberal Internationalism and Its Crisis Today*, Princeton University Press, 2017, p. 135.

更有甚者,威尔逊对"美国"的新理解还增添了一个重要的宗教维度——他"使那些认为美国不过是'新伊甸园'(New Eden)和'新以色列'(New Israel)的人们转而坚信美国乃是'基督国家'(Christ-Nation),要实现浪漫主义、进步主义和社会福音的理想"。① 说得更确切些,在虔诚的长老会教徒威尔逊心中,由于美国、美国人民、美国宪法与政治制度比其他国家都更接近基督教的兄弟情谊和仁爱生活,因此真正的教会不是历史性和制度化的教会,而是"美国"这个国家——其本身意味着美德、善良和救赎。②

总之,由于威尔逊"相信美国人,以及他作为他们的领袖,对历史的意义拥有独特的知识或洞见,这助长了帝国主义和单边干涉主义";③另外,在他那里,外交的使命也变成了带有救世意涵的十字军东征,因为它使美国自视为"拯救世界的工具"。1914 年 7 月 4 日,威尔逊围绕国家属性以及美国外交的根本归宿发表了一次演讲,他反问道:

我们该如何利用这个伟大国家的影响和力量? 难道

① Richard M. Gamble, "Savior Nation: Woodrow Wilson and the Gospel of Service", *Humanitas*, Volume XIV, No. 1, 2001, pp. 6—7.

② 威尔逊出生于美国南方一个牧师家庭,在一个绝对服从上帝意志的环境中长大,因此宗教对他的影响非常大。要理解威尔逊,首先必须领会他的长老会伦理。参见 Frederick S. Calhoun, *Power and Principle: Armed Intervention in Wilsonian Foreign Policy*, The Kent State University Press, 1986, pp. 17—18。

③ Milan Babik, *Statecraft and Salvation: Wilsonian Liberal Internationalism as Secularized Eschatology*, Baylor University Press, 2013, p. 222.

我们还要继续扮演旧的角色,仅仅为了扩张与利益而使
用这些力量吗? ……我们建立这个国家是为了维护人类
的权利……我真诚地相信民主,不仅是美国的民主,而且
是每一个觉醒的、希望管理和控制自己事务的人民的民
主。我的梦想是:随着时间推移,世人对美国了解越来越
多,他们……将转向美国,寻求建立在一切自由基础之上
的道德启示。世界无须畏惧美国,除非他们感到美国从
事了违背人权的事业。美国将迎来无比光明的一天,届
时所有人都将知道,她把人权置于一切权利之上,她的国
旗不仅属于美国,也属于全人类。还有哪个伟大民族会
致力于如此崇高的理想呢? 当世界上任何地方的人为权
利而奋斗时,还有哪个国家能使所有人都立即得到举国
上下感到激动的同情吗? 我不知道将来是否有"人类独
立或苦难宣言",但我相信:假如这类文件被拟就出来,
它将以美国《独立宣言》的精神起草;美国已经擎举起那
将照耀世世代代的火炬,指引着人类的脚步,向正义、自
由与和平的目标迈进。①

　　这段话是理解威尔逊"理想主义外交"的关键,微言大义
非常值得重视。

　　首先,对这个问题的回答本身表明了"美国""例外论"神

---

　　① Edgar E. Robinson and Victor J. West, *The Foreign Policy of Woodrow Wilson*, 1913—1917, New York: Macmillan, 1917, pp. 39—40.

话在威尔逊心中的地位。他说,美国的力量"是道义原则的力量……除此之外,没有什么是她热衷的……她没有别的事情可在乎了"①,又说,"有时人们称我是'理想主义者'——嗯,这就是我知道自己是美国人的方式。美国是世界上唯一的理想主义国家"。②

其次,某种程度上,威尔逊将基督的神性重新赋予了美国:美国是世界之光、世界的调解和拯救者——它的历史和原则,甚至其象征都属于全人类。其潜在的含义是:没有美国的领导,确保全球稳定并惠及所有人和平的自由议程将不可能实现,这可以说是美国主张在世界事务中享有行动特权的基础,其他国家为了实现更大的"善",理应遵从这一主张。然而,使"美国"成为世界领袖的并非物质力量,而是道德权威,这使得美国不仅为了自身安全,而且为了世界和平的共同利益,能够以"无私"——威尔逊经常使用的一个术语——的方式行事。

再次,根据威尔逊本人的宗教历史观,由于"历史是一种救赎的过程,美国是上天指定的人类救世主",③世界将欢迎美国的领导地位,甚至有义务接受美国的善意干预和仁慈影响,因为他们能够从中获益,这不仅是基于其作为自由民主国家卓越的道德品质,更是由于"某些人和国家必成为领袖,因

---

① John Morton Blum, *Woodrow Wilson and the Politics of Morality*, Little, Brown & Company, 1956, p. 84.

② David W. Noble, *The Progressive Mind: 1890—1917*, Burgess Publishing Company, 1981, p. 183.

③ Milan Babik, *Statecraft and Salvation: Wilsonian Liberal Internationalism as Secularized Eschatology*, Baylor University Press, 2013, p. 3.

为他们已了解或体现了历史更深层次的天意"。①

最后,如果将美国对外关系史区分为审慎克制的现实主义"旧约"与意识形态干涉、传教士热情的"新约",那么,这样的转变无疑在威尔逊那里最终完成了,甚至达到了登峰造极的地步:在上帝和人类面前,他与"美国"所做的必须是永远正确的。②

非但如此,这种世界观与历史观还隐含着这样的看法:"美国"不仅是(法律意义上)主权国家体系的平等成员,更是(道德意义上)超越俗世历史与国家理性的"非凡"之辈。这样一来,就连"美国"之*存在理由*(raison d'état)亦将与众不同,其本身是为赋予人类历史以方向感和价值坐标而存在——威斯特伐利亚体系本身并不能提供这些。而要实现这一"美国式"使命,将内在地要求它成为国际政治生活的精神导师、人类历史演变的导航者与世界体系运行的监护人。

说到底,威尔逊依据道德理想主义对美国"使命"进行再造,本质上是要为"美国"本身赋予某种*规范性*含义,也是比"西方中心论"更胜一筹的"美国中心论"。如果说此前这些思想观念仅仅蛰伏于美国人意识深处,威尔逊的历史"成就"

---

①　Anders Stephanson, *Manifest Destiny*: *American Expansion and the Empire of Right* (New York: Hill and Wang, 1995), p. 114.

②　Robert Nisbet, *The Present Age*: *Progress and Anarchy in Modern America*, New York: Harper & Row, 1988, p. 31. 关于美国对外关系史"旧约"与"新约"的划分,可参考 Walter McDougall, *Promised Land*, *Crusader State*: *The American Encounter with the World Since 1776*, Mariner Books, 1997。

及其"危险"都在于:如今,他决意要将这种对世界而言完全陌生的美国式哲学全面运用到国家的外交政策实践中去。

(三) 美西战争与威尔逊关于美国在海外促进民主思想的转变

威尔逊在投身政界之前是一位学者,主要从事美国政治及历史方面的研究,对外交或国际事务的关注相对较少。但是,从19世纪90年代开始,由于西部边疆的"关闭"、国内产能"过剩"引发的严重经济危机以及中西部民粹主义运动高涨带来的社会冲突威胁显现,特别是1898年美西战争的爆发催生了他关于在变化的时局中重新界定美国与世界关系的思考。在一份名为《我们应该做什么?》的备忘录中,威尔逊指出:"短暂的战争已经深刻地改变了我们的思想,而且可能是永久地改变了国家的生活状况。"此外,还产生了"一种明显的服务热情"。① 在这些新思想中,最重要的是关于美国可以在国外促进民主的想法。

早在1885年威尔逊就写道:"各国政体正逐渐趋同……有一种走向共同政府类型的趋势,那就是美国政体。"②在他

---

① Niels A. Thorsen, *The Political Thought of Woodrow Wilson*, 1875—1910, Princeton University Press, 1988, pp. 162—164.

② Arthur Link et al., eds., *The Papers of Woodrow Wilson* [*PWW*], 69 *vols.*, Princeton, NJ: Princeton University Press, 1966—1994, 15, 11/1895, 53. 转引自 Tony Smith, *Why Wilson Matters: The Origin of American Liberal Internationalism and Its Crisis Today*, Princeton University Press, 2017, pp. 67—68。

心中,民主是人类历史上最完美、最道德的政府形式,而美国
在民主的训练和成就等方面走在了最前列,因而可以成为各
国效仿的最好榜样。①

但是,威尔逊的思想还有另一面,那就是民主不仅是一种
政府形式,其更应当被理解为公民共同体有序自治的公共精
神,(东方)落后民族需要通过经年累月的训练才能真正掌握
民主的精髓——"冷静、自制、有序、和平与协商的习惯,以及
对法律的尊重"。② 换言之,民主"是一个发展阶段。它不是
由愿望或新的信念创造的,而是由缓慢的习惯建立起来的。
不成熟的人不能拥有它"。③

因此,威尔逊早期并没有呼吁一种超越孤立主义的外交
政策,也不认同美国在国外有为了促进民主而涉及帝国主义
的使命,更没有设想过美国在民主化进程中扮演世界领袖角
色。不过,这些观点已隐含着一种看法:由于民主是迄今为止
最高级、最完美的政府形式,理论上,如果其他国家的人民得
到了这种自由,他们也将同样受益。这种观念上的剧变是由

---

① 例如,威尔逊在 1900 年的演说中说:"很大程度上,德国、加拿
大、澳大利亚和瑞士都是以我们的模式建立和加强了自己的宪法。"参见
Tony Smith, *Why Wilson Matters: The Origin of American Liberal Internation-
alism and Its Crisis Today*, Princeton University Press, 2017, p. 70。

② Joan Hoff, *A Faustian Foreign Policy from Woodrow Wilson to
George W. Bush: Dreams of Perfectibility*, Cambridge University Press, 2008,
p. 39.

③ Woodrow Wilson, "The Modern Democratic State", (December
1885). 转引自 Michael Cox, Timothy J. Lynch and Nicolas Bouchet
(eds.), *U. S. Foreign Policy and Democracy Promotion: From Theodore Roo-
sevelt to Barack Obama*, Routledge, 2013., p. 54。

美西战争实际引发的:威尔逊认为,美国可以通过训练、指导落后地区的人民,更积极、更主动地在国外促进民主。

1901 年 10 月,威尔逊就民主在美国外交事务中的地位发表了一次讲话,这不仅标志着他思想的重大转变,而且包含了威尔逊后来对外干预思想的大致轮廓与基本要素。他宣称:

> 新时代像突如其来的意外景象一样降临在我们面前……20 世纪的政治完全不同于 19 世纪的政治……美国的利益必须向前推进,尽管我们是利他主义者。那些国家必须确保他们站在一边,不得试图阻碍我们……不管是否愿意,东方都将被开放和改造;西方的标准要强加在它的身上;几个世纪以来停滞不前的国家和民族将会加快步伐,成为随着欧洲力量不断发展而持续形成的商业和思想世界的一部分……将我们自己的原则……传授给他们……以服务的精神给予[菲律宾人]政府和统治……引导他们进入正义和自由的初级阶段。①

次年 12 月,威尔逊为纪念特伦顿战役爆发 125 周年而发表了名为《美国理想》(The Ideal of America)的演说。② 威尔

---

① Woodrow Wilson, "Democracy and Efficiency", *The Atlantic Monthly*, March 1901, pp. 289—298.

② 特伦顿战役爆发于 1776 年 12 月 26 日,是在乔治·华盛顿率军强渡德拉瓦河至特伦顿后爆发的一场美国独立战争的战役;经过此次战斗,大陆军士气高涨,战争局势就此逆转。

逊在演说中把美国人称为"自由和自治的信徒","美国"不再只是榜样和被动模仿的对象,它可以主动采取行动在全世界促进民主:

> 1898 年以来的这几年变化之快,是以往任何年份都没有的……我们看到了美国彻底的转变……特伦顿战役并不比马尼拉战役更有意义……我们战斗只是为了让古巴自治。我们的良知在于,当那里的工作完成并且他们准备就绪时,菲律宾也将拥有这一权利……
>
> 国家像人一样成长,并变得伟大。我们不必担心视界的扩大。我们走到这一步,显然是命中注定的……让我们像有良知的人一样思考自己的责任,像那些寻求服务而非征服世界的人一样调节我们的野心。①

这等于向世界宣告,美国已经成年了,其自封的使命是让世界变得更美好,而这可以通过促进民主最好地实现。但他同时告诫说:"对菲律宾人而言……他们的自由不会比我们廉价。他们必须首先接受法律约束和热爱秩序,并本能地臣服于它……我们在这方面成熟多了,必须当他们的导师。"美国须"用不容任何抵抗的强硬手段治理国家"。②

---

① Woodrow Wilson, "The Ideals of America", *The Atlantic Monthly*, December 1902, pp. 726—734.

② Woodrow Wilson, "The Ideals of America", pp. 730—731.

（四）　对墨西哥等国的干预与作为"反帝国主义"的帝国主义

一般来说,在美国对外关系史上,捍卫和促进其他民族的"民主""自决"权利历来是一种美化自身(经济、政治与文化)扩张合法性的话语工具,同时又能够借此与欧洲传统的(殖民)帝国主义区别开来,因而符合美国外交假定的"天命"传统。根据威尔逊的想象,在整个帝国与国家之间竞争的肮脏历史中,"美国"获得了一种独特而崇高的地位——问题的关键在于他对美国外交的道德基础与欧洲的物质动机进行的区分。鉴于威尔逊对墨西哥的干预最能体现其"新外交"的内在悖论与精神实质,故有必要花费一点笔墨进行深入剖析。

上任伊始,威尔逊就面临应对墨西哥革命的动荡局势以及把通过政变上台的韦尔塔将军赶下台的棘手问题。然而,问题在于,在威尔逊之前,美国和世界其他大国一样,都是按照国务卿詹姆斯·布坎南(James Buchanan,1791—1868)在1848年提出的原则行事:"我们不会躲在现有政府背后,让自己卷入合法性问题。只要我们知道存在着一个有能力维持自身的政府,我们就一定会承认它的存在。"[1]事实上,美国国务院、美国驻墨西哥大使及商业利益集团都建议

---

[1]　Tony Smith, *Why Wilson Matters: The Origin of American Liberal Internationalism and Its Crisis Today*, Princeton University Press, 2017, p. 78.

威尔逊总统立即承认韦尔塔政府,因为它看起来正在有效地控制国家。事实上,到 1913 年 3 月底,英国和其他大国多数都承认了韦尔塔政府。

然而,威尔逊却执拗地坚持韦尔塔必须在采用民主宪法的前提下重新进行选举——这意味着墨西哥的政府形式必须由美国总统认可和决定。他在刚入主白宫后发表的一次演说中提醒拉美国家,"只有在以法律而不是依靠任意或不规则的武力为基础的公正政府的有序进程支持下,合作才有可能。我们坚持认为……没有基于法律、公众良心和认可的秩序,就没有自由"。① 继而又宣称:"韦尔塔将军的篡夺行为对美洲和平与发展的威胁是其他任何东西都不能比拟的。它不仅使有序自治的发展成为空谈;还倾向于把法律完全置于一边,让本国公民和外国人的生命和财产始终处于危险之中……因此,这是美国的目标,不论这种篡夺行为何时发生,都要否定和击败它们。"②

正是由于对美国的正直品格和利他主义动机充满了信心,因此他认为美国可以在墨西哥扮演一个仁慈的"反帝国主义"干预角色:通过封锁港口和武器禁运破除韦尔塔对墨

---

① Samuel Flagg Bemis, *The Latin American Policy of the United States: An Historical Interpretation* (New York: Harcourt, Brace, 1943), p. 175. 转引自 Michael C. Desch, "America's Liberal Illiberalism: The Ideological Origins of Overreaction in U. S. Foreign Policy", *International Security*, Vol. 32, No. 3 (Winter, 2007/2008), p. 23。

② Tony Smith, *Why Wilson Matters: The Origin of American Liberal Internationalism and Its Crisis Today*, Princeton University Press, 2017, p. 79.

西哥的控制,既可落实《莫比尔演说》中关于"门罗主义"的新精神,又能恢复墨西哥人的"自决"权利。① 威尔逊声称,他是在"保护"墨西哥革命不受那些一心想要"干预"的外部利益集团(主要是美国和英国的石油公司等)干涉——那些人满脑子都在琢磨如何通过一场"掠夺性战争"染指"墨西哥的石油和金属"。

与此同时,威尔逊总统始终回避使用"干预"这个词来界定自己的墨西哥政策。对他来说,"干预"意味着"全面入侵,其目标是在成功干预后建立一个受外国力量控制的政府"。简言之,由于他把"干预"等同于"征服",因此认为所有其他形式的压力或干涉都是可以接受的,同时否认自己的行为构成对墨西哥内政的"干预"。②

一句话,威尔逊坚信自己实际上是在保护墨西哥国内政治进程不受外来有害影响,而这恰是墨西哥最终实现自决的基础。他坦言:"我坚持的原则是,我们应该努力寻求让

---

① 1913 年 10 月 27 日,威尔逊在阿拉巴马州莫比尔市的南方商业大会上发表演说,阐述了美国对拉丁美洲的新政策。威尔逊的亲信豪斯上校称"莫比尔演说"是"门罗主义的新诠释"。他认为威尔逊扩大了"门罗主义"的最初意图,即防止欧洲获得西半球任何国家的政治控制权,如今,"放任外国获得那些弱小而不幸的共和国的财政控制权,同样是应受谴责的"。参见 Diary, 30 October 1913, *House Paper*, 转引自 Mark T. Gilderhus, "Wilson, Carranza, and the Monroe Doctrine: A Question in Regional Organization", *Diplomatic History*, Vol. 7, No. 2 (Spring 1983), p. 107。

② Kendrick A. Clements, *The Presidency of Woodrow Wilson*, Kansas: University Press of Kansas, p. 98; Tony Smith, *Why Wilson Matters: The Origin of American Liberal Internationalism and Its Crisis Today*, Princeton University Press, 2017, p. 81.

解决方案掌握在他们手中,而只有我们一方可以做到这一点。"①又说:"如果墨西哥人想大吵大闹,就让他们大吵大闹好了。我们与此无关。这是他们的政府,这是他们的地狱。"②

然而,尽管他将自己视为墨西哥自决权的"保护者"并将"自决"的承诺作为墨西哥政策的指导方针,但这丝毫没有阻止威尔逊试图影响墨西哥革命的进程。当韦尔塔将军下台以后,威尔逊故伎重施,转而向墨西哥宪政民主派提供"善意的"建议,告诉他们如何最好地追求目标,实际上是要把自己的方案强加于人。民主派领袖卡兰扎被告知:"任何形式的过分行为⋯⋯或极端措施,如果发生于他们在墨西哥城掌权的时候,会使美国在道义上不可能承认新政府——如果我们不承认,它就无法获得贷款,从而迅速破产。"③

正是在该警告的前提下,威尔逊发布了他著名的反对干涉墨西哥事务的官方声明。他宣布:"我们在任何时候都无权干涉墨西哥,去决定墨西哥人如何解决他们自己的事

---

① 　Wilson to George Lawrence Record, 1 June 1914, PWW, 30. 转引自 Kendrick A. Clements, "Woodrow Wilson's Mexican Policy, 1913—15", *Diplomatic History*, Volume 4, Issue 2, April 1980, pp. 117—125。

② 　PWW, 35, 12/8/1915, 314f. 转引自 Tony Smith, *Why Wilson Matters: The Origin of American Liberal Internationalism and Its Crisis Today*, Princeton University Press, 2017, p. 123。

③ 　Bryan to Silliman, July 31, 1914, FRUS, 1914, pp. 576—77, from a Wilson draft, *PWW*, Vol. 30, p. 322, n. 1. 转引自 Robert W. Tucker, "Woodrow Wilson's 'New Diplomacy'", *World Policy Journal*, Vol. 21, No. 2 (Summer, 2004), p. 105。

务……可能会发生许多我们不赞成也不可能在美国发生的事情,但我非常庄严地说,这不是我们的事情。"①总之,干涉墨西哥内政的外交决心与对自决的承诺并存,或更准确地说,对墨西哥自决的坚定承诺与顽固坚持墨西哥政治各方的行为必须约束在一定限度内的主张相结合,一直是威尔逊政府墨西哥外交最典型和让人倍感困惑的特征。

那么,我们到底该怎样透过威尔逊"干涉主义外交"自相矛盾的表象去理解其背后的深层"逻辑"呢?首先,在威尔逊的观念世界里,只有当他确信引导干预的动机是正当和无私的时候,(武装)干预作为一种遂行权力意志的方法才具有足够的正当性和吸引力。在1911年发表的一次演讲中,威尔逊恰如其分地揭示了外交政策手段与目的之间的深刻联系。他说:"在国家的历史上,有时候人们必须拿起粗糙的血腥武器,以维护精神概念。因为自由是一种精神观念,当人们拿起武器去解放别人的时候,战争就有了神圣的意义。"②又说:"战争本身并没有什么高尚或令人钦佩的地方。但是,在战争的事业中,有时有一些非常崇高和令人钦佩的东西。"③

---

① Wilson to Garrison, August 8, 1914, *PWW*, Vol. 30, p. 362. 转引自 Robert W. Tucker, "Woodrow Wilson's 'New Diplomacy'", p. 105。

② Wilson, "Bible and Progress," May 7, 1911, in Baker and Dodd, *College and State*, 2:294. 转引自 Frederick S. Calhoun, *Power and Principle: Armed Intervention in Wilsonian Foreign Policy*, The Kent State University Press, 1986, p. 24。

③ Wilson, "A Speech Accepting a Statue of Philip Kearney," Nov. 11, 1914, in Link, *Papers of Woodrow Wilson* 31:562. 转引自 Frederick S. Calhoun, *Power and Principle: Armed Intervention in Wilsonian Foreign Policy*, The Kent State University Press, 1986, p. 19。

因此,通过判断干预背后的目的,威尔逊含蓄地承认,在外交与国际事务中,目的是决定性因素——必要时,甚至可以通过武装干预来帮助一个民族实现民主和自由。作为国家领导人,威尔逊承担了支持其他国家民主革命的道义责任——即使遭到那些他想要拯救之人的抵抗,他依然坚持这一立场,因为他从不怀疑该事业的正义性。

于是,他的如下言论便顺理成章:"如果我无法保持对一个人的道德影响——除非偶尔把他打倒在地;如果这是他尊重我的唯一基础,那么为了(拯救)他的灵魂,我偶尔也得把他打倒……如果有人坐在座位上不听你的话,那就骑在他的脖子上,让他听你说。"①

其次,尽管威尔逊的干涉主义意识形态包含了前几届政府的所有原则,但其主要论点是美国对拉丁美洲的"利他主义"使命这一古老理念的帝国主义版本:美国有意成为拉丁美洲的"老大哥",不管这种关系是否受欢迎。对"反帝国主义者"威尔逊来说,这种"兄弟"概念的警察权产生于协调空前程度的反帝国主义哲学和同样空前程度的帝国主义行动之必需——帝国主义只有在被胁迫者"得利"的前提下才能够被容忍。

因此,威尔逊的干涉主义在一系列官方声明中得到了印证,其内容是:美国寻求通过对多米尼加共和国的军事占领来

① Wilson, "Address to National Press Club," May 15, 1916, in Baker and Dodd, *New Democracy* 2:171. 转引自 Frederick S. Calhoun, *Power and Principle: Armed Intervention in Wilsonian Foreign Policy*, The Kent State University Press, 1986, p.24。

恢复其"内部秩序";在海地,除了"建立一个由海地人民领导的稳固政府",他没有别的目标。有人一针见血地指出,在拉丁美洲,威尔逊对合宪性的坚持本质上是一种对除"内部人"(ins)之外所有人的帝国主义,意味着向拉丁美洲宣布:在盎格鲁—撒克逊的政治科学理论下,你必须以宪法的方式管理你的政府——不管你是否喜欢这些理论,我们相信它们对你来说是最好的,我们有责任让你遵循它们。①

第三,他提到的一种价值观还反映出威尔逊反帝国主义和干涉主义哲学的奇特混合:"美国始终坚定和绝对地支持每个民族决定自己命运和事务的权利。我是这个信条的绝对拥护者,我已经准备好去做这件事,并且遵守这个原则来处理我们南方不幸邻居的麻烦事务。"②

那么,他是怎样处理这些"麻烦事务"的呢?历史记录表明:海军陆战队两次在枪口下解散议会,起草宪法并将其强加给海地人民,并在海地领土上建立了一个违背所有政治自由原则的政府。在美国通过戒严令对多米尼加共和国实施管制的五年里,公开集会被禁止,新闻媒体被审查,抗议者被送上军事法庭,政府的所有职能都被海军陆战队接管了。③

---

① Albert K. Weinberg, *Manifest Destiny*: *A study of Nationalist Expansionism in American History*, p. 442.

② *The New Democracy*:*Presidential Messages*, *Addresses*, *and Other Papers* (1913—1917), By Woodrow Wilson, Ed. R. S. Baker and W. E. Dodd (New York, 1926), II, 2. 转引自 Albert K. Weinberg, *Manifest Destiny*: *A Study of Nationalist Expansionism in American History*, pp. 435—436。

③ Albert K. Weinberg, *Manifest Destiny*: *A Study of Nationalist Expansionism in American History*, p. 437.

说到底,在美国外交史上,威尔逊的政策仅仅标志着以"人权""民主""自决"名义进行"专制民主、强制自由和勒令解放"(dictating democracy, enforcing freedom, extorting emancipation)等自相矛盾的系列闹剧的开始。①

(五) "无私"与"服务":威尔逊理想主义的关键词

威尔逊是一位善于通过修辞塑造民族意识、帮助美国人理解自己、敌人和世界事件意义的语言大师,并经常运用"无私""服务"等字眼来描述美国对世界的"责任"。1914 年 4 月,他在一次采访中声称,"我们对墨西哥的友谊是无私的"。② 5 月,在纪念维拉克鲁斯战役中阵亡的军人追悼会上,他解释说,美国人"已经去墨西哥为人类服务——假如我们能找到道路。我们不想和墨西哥人作战。我们希望尽己所能为墨西哥人服务……"③

威尔逊多次为美国的干预进行辩护,理由是美国要履行作为"保护人"的使命:

---

① Joan Hoff, *A Faustian Foreign Policy from Woodrow Wilson to George W. Bush: Dreams of Perfectibility*, Cambridge University Press, 2008, p.37.

② "Interview with Samuel G. Blythe", 27 April 1914, *PWW*, 29: 51. 转引自 Mark T. Gilderhus, "Wilson, Carranza, and the Monroe Doctrine: A Question in Regional Organization", *Diplomatic History*, Vol. 7, No. 2 (Spring1983), p.107。

③ "Address at Brooklyn Navy Yard," 11 May 1914, *PWW*, 30: 14. 转引自 Richard M. Gamble, "Savior Nation: Woodrow Wilson and the Gospel of Service", *Humanitas*, Volume XIV, No. 1, 2001, p.10。

我认为这是一次极好的机会,向世界证明美国不仅是一个人道的国家,也是一个慈悲的国家。激励我们的不是别的动机,而是我们不幸邻国境况的改善,以及推动人类自由事业的真诚愿望。墨西哥的情况是无法容忍的,需要这个大陆上的伟大国家强有力的引导……我们可以……向持怀疑态度的局外人证明,美国的崛起超越了权力考量,并无视扩张领土的机会……

我们真诚而无私地是所有人的朋友,特别是墨西哥人民的朋友。我们没有别的想法,唯有帮助他们解决分歧,让他们自己决定自己的命运。但我们会密切地关注他们,并坚持让他们在需要的时候接受帮助。①

后来,他在另一个场合说自己渴望一个纯粹、统一的国家,愿意"并肩而行,为未来的人类卸下重担,为全世界指明自由的道路",因为美国的国旗本身代表着"一个国家为世界其他国家服务的权利"。②

威尔逊对这些话的解释是其继承了美国的民族性格:

---

① P. Edward Haley, *Revolution and Intervention*: *The Diplomacy of Taft and Wilson with Mexico*, 1910—1917, Cambridge, Mass.: MIT Press, 1970, pp. 138—139. 转引自 Edward Weisband, *Ideology of American Foreign Policy*: *A Paradigm of Lockian Liberalism*, p. 39。

② "Flag Day Speech," 15 June 1914, *PWW*, 30: 186. 转引自 Richard M. Gamble, "Savior Nation: Woodrow Wilson and the Gospel of Service", *Humanitas*, Volume XIV, No. 1, 2001, p. 11。

"美国生来是为人类服务的,没有一个真正的美国人会把为自己服务的愿望置于为人类服务的愿望之上。"又说:"如果我认为美国的强大是对世界上任何一个自由人的威胁,我会祈愿美国变得弱小,但我相信,美国的力量是正义目标的力量,是对人类自由的真诚爱的力量。"①

质言之,美国外交的动机不会出于恐惧、利益甚至荣誉;其着眼点不是自己的安全,而是所有人的安全;不是荣耀,乃是救赎;不是私利,而是服务。一言以蔽之:美国的起源和目的使它区别于世界上任何国家,因为它代表了更伟大的真理。但是,无论威尔逊辞藻多么华丽,说到底,"服务"的"权利"不过是战争和干涉最方便的借口而已。②

威尔逊如此狂热地相信关于"美国"起源、身份属性及其使命的"例外论"神话,以至于他看不到该神话历来都是人为建构的产物,其不过是那个时代占统治地位的精英阶层压制社会主义者、民粹主义者、新女性、和平改革家和黑人平等倡导者威胁的一种文化或意识形态霸权。③

此外,他在意识深处将任何国家的自决都等同于采纳美国宪法和政治制度,并通过普及"人权""自决"和"民主"等

---

① Wilson, "Address at Soldier's Hall, Pittsburgh," in Baker and Dodd, *New Democracy* 2: 26. 转引自 Frederick S. Calhoun, *Power and Principle: Armed Intervention in Wilsonian Foreign Policy*, The Kent State University Press, 1986, p. 25。

② Richard M. Gamble, "Savior Nation: Woodrow Wilson and the Gospel of Service", *Humanitas*, Volume XIV, No. 1, 2001, pp. 10—11.

③ Walter L. Hixson, *The Myth of American Diplomacy: National Identity and U. S. Foreign Policy*, Yale University Press, 2008, p. 112.

美国式原则来拯救世界而无视其他民族的自豪感和雄心,这种看法本质上是以美国为中心的种族主义傲慢和偏见。其思想根源在于,他本人太"美国"化了——正如学者霍夫斯塔特所说,"作为一个国家,美国的命运不在于是否具有意识形态,而在于美国本身就是一种意识形态"①——以至于无法理解该立场的荒谬性。他更未料到这是何等深刻的悖论:在竭力为别的民族争取自由的过程中,他事实上已经剥夺了其自由选择命运的权利。②

(六) 精神实质与历史影响

在威尔逊"人权""民主""自决"等普世话语的背后是"美国"与"他者"的身份政治区隔和隐喻:按照这样的理解,"美国"作为历史进步的引擎,在人类向千禧年王国迈进的征程中,将是"导师"和指挥力量,其他国家——特别是拉美国家和"东方"落后民族——是决定对象或追随者。显然,在威尔逊主义的表面修辞背后有一个"美国例外论"的思想内核,本质上仍是由美国民族主义驱动的。

在美国对外关系史上,"我们"与"他者"的规范,历来反映了美国人对其政治体系道德优越感的信念。但是,只有到

---

① Hans Kohn, *American Nationalism: An Interpretive Essay*, New York: The Macmillan Company, 1957, p. 13.

② Frederick S. Calhoun, *Power and Principle: Armed Intervention in Wilsonian Foreign Policy*, The Kent State University Press, 1986, p. 23.

威尔逊这里才发展成官方和正式倾向——在国际政治中采取**道德立场**。① 正是由于要建立基于"人类自由和人权"的"新秩序",威尔逊对"外交"的理解完全是**颠覆性的**——自神圣同盟以来,还没有哪个政府像他这样宣称其使命是清除"外国的道德缺陷"。

譬如,在威尔逊政府与阿根廷、巴西和智利等美洲国家谈判但最终流产的"泛美条约"中,第 1 条规定所有签约国承诺"在共和政体下享有政治独立"。尽管拉丁美洲国家从未向华盛顿明确表示他们对第 1 条的保留意见,但人们可以推测,该条款所呼吁的"共和政府"对这些国家意味着什么。

可以肯定的是,威尔逊一如既往地重申,"世界的趋势[是]走向民主政府的理念",而拟议中的协定是"一种保护你们不受我们伤害的安排"。但这有多大说服力呢? 问题的关键在于:一旦西半球的共和制度崩溃,美国将会做出何种反应。难道其不会将维持共和政府的承诺作为干预的许可证吗?

同时,无论威尔逊如何声明美国把该协议视为自己不干预的保证,可以预料,事实恰恰相反。根据拟议中的条约条款,严重而持久的内乱可作为美国以捍卫和促进宪法统治之名义进行外交或军事干预的理由。换言之,既然美国已承诺

---

① 　威尔逊总统在一次谈话中指出:"先生们,不要认为当今的问题仅仅是政策和外交问题""引导我们的是道德而非权宜之计,我们不敢违背这一原则。"参见 Woodrow Wilson, "A New Latin American Policy", Oct. 27, 1913. in Baker and Doodd, *The New Democracy: Presidential Messages, Addresses, and Other Papers* (1913—1917), Vol. 1, p. 69。

支持"共和政府",难道美国的干预不应该合法化,其基础是将该地区的独裁者赶下台,并由所谓"宪政主义者"取而代之吗?!①

同样,这位口口声声要维护和伸张"人权""民主"与"自决"权利的威尔逊,既是美国外交政策道德化和干涉主义的鼻祖,也是美国历史上运用武装干涉手段侵犯他国主权次数最多的总统。② 在美国外交史上,尽管西奥多·罗斯福打开了对外干预的潘多拉魔盒,但是,美国现代干预思想的基本格局要到威尔逊这里才算初步奠定,其干预维度也才发育成形。

从大历史的视角看,罗斯福与威尔逊实际上分别从权势——保守国际主义和民主——自由国际主义角度确立了美国对外干预的思想框架。如果说罗斯福主要基于权力或地缘政治考量,前提是承认"美国跟其他强国没有两样,它并非独一无二的道德化身",那么,到威尔逊这里,他"完全不把美国当作一般的国家看待",③在他眼中,"美国"更多地体现为一系列具有普世意义的价值观念,并且只有当这些美国式观念普及到全球之后,美国的国家安全才能最好地实现。

无独有偶,对威尔逊"理想主义外交"干涉主义内核揭露最深刻的也是罗斯福。他基于党派立场对威尔逊关于"民

---

① Tony Smith, *Why Wilson Matters: The Origin of American Liberal Internationalism and Its Crisis Today*, Princeton University Press, 2017, pp. 93—94.

② 据统计,威尔逊在两届总统任期内一共进行了 7 次对外干预,参前文页 92 注②

③ [美]亨利·基辛格:《大外交》,第 30—35 页。

主""自决"的"浮华言辞"进行了猛烈抨击:"我们在圣多明各和海地的持续行动使我们为所有国家制定自决的普遍规则显得虚伪……我们以武力入侵、发动战争并征服了这两个小共和国,搅乱了它们的政府,剥夺了它们的自决权,使民主在它们的范围内不仅不安全,而且根本不存在。"①

总体上,威尔逊道德外交遗产的危险和盲点首先在于其狂热无节制的十字军精神,看不到美国在海外参与的适当限度。其次,威尔逊处理对外事务的方式反映了美利坚民族性格中的某些顽固倾向:坚持认为美国拥有改变世界其他地区行为的权力和职责,其能够而且应该既关注他国处理国际事务的方式,也关注其国内政策。②

正是由于这样的原因,有人指出,经由威尔逊阐述的原则、采用过的方法以及追求过的目标,之所以能对 20 世纪美国外交政策的实施产生深远影响,并非因为他本人多么优秀或成功,而只是因为他最恰如其分地表达了美国精神。③

三、余论:美利坚民族主义与对外干预

关于外交政策的民族属性,美国学者小阿瑟·施莱辛格

---

① "Roosevelt Flouts League of Nations," *Washington Post*, August 4, 1918. 转引自 Emily S. Rosenberg, "World War I, Wilsonianism, and Challenges to U. S. Empire", *Diplomatic History*, Vol. 38, No. 4 (2014), p. 852.

② [美]沃尔特·拉塞尔·米德著,曹化银译:《美国外交政策及其如何影响了世界》,北京:中信出版社,2003 年版,第 148 页。

③ Frederick S. Calhoun, *Power and Principle: Armed Intervention in Wilsonian Foreign Policy*, The Kent State University Press, 1986, p. 4.

曾有过这样的比喻:"对外政策是一个国家向世界展示的'面孔'。所有国家的目标都是一致的,即保护国家的完整和利益。但是,一个国家设计和执行本国外交政策的方式,很大程度上却受到国家特性的影响。"①这段话用于描述美国外交政策特别是对外干预思想的发展尤其贴切:在人类历史上,美利坚民族独一无二的成长经验与自由主义的国家特性相结合,使其对外干预行为具有区别于其他大国甚至霸权国的显著特征。具体来说,这种特征又突出表现在两方面,一是外交政策中干预手段的频繁运用,二是其背后浓烈的意识形态底色。②

大体来说,在美国外交史上,从 1823 年门罗主义提出到 1920 年伍德罗·威尔逊任期结束的近一个世纪,是美国对外干预的观念基础、行为模式与思想格局孕育和定型的最关键阶段,其以 1898 年美西战争为界又可区分为 19 世纪"古典"阶段与 20 世纪"现代"阶段。美国对外干预思想大致经历了从"早期非意识形态、不干涉主义"到"弱意识形态、干涉主义(罗斯福推论)"再到"强意识形态、干涉主义(威尔逊主义)"的演变轨迹,对外干预实践的特征相应地从"零星、非系统、维护地区霸权"演变为"大规模、系统化、建

① Arthur M. Schlesinger, Jr., *The Cycle of American History* (Boston, 1986), p. 51.

② 以特朗普政府为例,数据显示,自特朗普总统 2017 年上台以来已实施超过 3900 项制裁措施,相当于每天要挥舞三次"制裁大棒"。参见《超过 3900 次! 美国制裁他国的大棒平均每天"挥舞"三次》,央视新闻客户端(2020 年 12 月 13 日)。

构世界秩序"。

贯穿其中的表层线索是:历届总统基于变化的时代现实不断对"门罗主义""美国"及"使命"概念作出新的解释,从而为美国的对外干预进行辩护;深层脉络则是美国与外部世界关系变迁以及相应意识形态内容的生成和发展。总体上,美国对外关系中早期干预思想的缘起和演进不仅预示着现代美国外交精神品格的总体面貌,而且规定着美国与外部世界关系未来展开的基本框架。

从时间的维度来看,就 19 世纪美国在北美大陆上的扩张而言,其主要依托的是"天定命运"观念。在中美洲和加勒比地区的零星干预则是维护"门罗主义"完整性的另一套说辞。随着时间推移,特别是到了 19 世纪末 20 世纪初,不仅美国的实力有了巨大增长,更重要的是,一个成长经验迥异于欧洲的国家将给世界带来无法预估的变化。这些因素的结合,使得 19 世纪后期开始的美国外交政策越来越具有干涉主义特征,甚至连这种干预本身也被打上了深深的美国式观念烙印。

1895 年委内瑞拉危机是一个重要的标志性过渡事件——美国要求列强尊重其在西半球的"权力"现实,但这种理据不仅在拉美国家中激起警觉和不安,也未被国际社会特别是欧洲列强真正接受。到罗斯福这里,通过运用暗含种族主义等级意识的"文明"话语,美国摇身一变成为手握"大棒"、代表"文明"世界整体利益在西半球行使"警察权"的"国际警察"。

尽管"罗斯福推论"拉开了美国对外干预的大幕,但是,只有当威尔逊运用"人权""民主"和"自决"话语并赋予"美国"以规范化含义后,美国对外干预的现代意识形态基础才得以最终奠定。一句话,是威尔逊——而非罗斯福或其他人——才最充分地表达了一种以美国为中心、以现代自由国际主义为内核的"**秩序意志**"。

还应看到,在美国外交史上,美利坚民族主义的内涵是通过美国与世界的关系来对比、映衬和定义的,并化约为"美国例外论"的一整套思想体系,更具体地说是围绕"门罗主义"而形成的观念集合,其反过来为美国对外干预的"合法性"提供了辩护"依据"。以是之故,美国对外干预意识形态的变迁是统治阶层不断为"使命""美国"和"门罗主义"等修辞赋予新内涵而逐渐实现的。质言之,"使命"(从民主"榜样"到"斗士")、"美国"(从"山巅之城"到"国际警察"再到"基督国家")以及"门罗主义"开放和变动不居的意涵,为统治阶层针对干预议题进行操弄和辩护提供了现成的概念框架和意识形态工具。①

————————

① 以门罗主义为例,有学者指出,《门罗宣言》的原始文本是模糊和开放的,其包含着反殖民主义、孤立主义、不干涉主义、帝国野心、家长式管理和泛美主义的痕迹,可以用来为一系列政策决定辩护。例如,沃尔特·李普曼在 1915 年出版的著作《外交的利害关系》(*The Stakes of Diplomacy*)中指出,对美国人民来说,门罗主义等同于"忠诚的集合",在需要时可以有效地"召唤"人民采取行动;这使得政府官员几乎可以出于任何目的援引它。转引自 Alex Bryne, *The Monroe Doctrine and United States：National Security in the Early Twentieth Century*, Palgrave Macmillan, 2020, pp. 5—6。

不过,"门罗主义"也好,"警察权"与"基督国家"也罢,在历史和逻辑上不仅和美国与外部世界的关系有关,一定意义上也是"天定命运"哲学的派生物——美国干涉主义原则的核心要点在于:其是由具有卓越禀赋的国家负有的特殊使命所涉及的特殊义务而自命拥有特权的行为。

第四章　世纪变局:门罗主义大辩论的缘起和展开(1895—1900)

> 门罗主义⋯⋯是美国外交政策的基本特征⋯⋯(其)之所以有这样的地位,是因为我们没有让它石化(fossilized),而是调整了对它的解释,以满足本半球不断增长和变化的需求。
>
> ——西奥多·罗斯福

引　子

在美国历史上,19世纪末20世纪初不仅是国家实力地位快速提升的年代,更是思想观念剧烈变迁的年代。在对外关系领域,这一时期美国社会先后围绕美西战争后是否重走欧洲"帝国主义外交"老路、①"一战"后是否加入以国际联盟

---

① 帝国主义外交(Diplomacy of Imperialism)特指19世纪80年代至"一战"期间在欧洲列强之间流行的以争相在世界落后地区获取排他性的租借地、势力范围以及经济、政治特权为基本特征的对外关系实践,在国家间关系方面表现为以武力为后盾的对抗乃至战争。

为中心的世界秩序等重大问题进行了一系列声势浩大的激烈辩论,进而有力地推动了对外关系思想的发展和转型。在这些方面,学界已经有了相当全面深入的研究。

然而,同一时期美国知识和舆论界围绕"门罗主义"的定义、解释、存废及重构开展的另一场辩论却近乎无人问津,除上世纪中叶历史学家德克斯特·珀金斯在他关于门罗主义的奠基性著作中对其稍有提及外,此后多年都没有专门性研究成果面世,甚至连这段历史本身都快要在时间的尘土中湮没了。①

事实上,以1895年(美英)委内瑞拉外交危机为开端,直至1920年参议院围绕是否加入国际联盟的政治过程尘埃落定,美国外交政策精英通过公开演讲、国会辩论、学术出版物和会议论文、文学政治杂志、报纸,以及官方和私人通信等途径和方式对门罗主义的目的、意义及适用性等议题展开了长达20多年的交锋和辩论。在当时,由于公众热情空前高涨,为便利读者有针对性地从浩如烟海的文献中进行检索,国会图书馆在1919年甚至专门编辑出版了《门罗主义参考文献列表》。②

---

①　推测起来,这种状况的成因可能有两个:一是作为时间跨度较长因而不那么引人瞩目的"草蛇灰线",这一时期美国知识和舆论界关于门罗主义的辩论往往被更具新闻轰动效应的即时性事件及其激发的大辩论遮蔽和掩盖。二是门罗主义的观念结构本身具有较大的弹性解释空间,故在研究中难以将其客体或对象化。

②　Library of Congress, *List of References on the Monroe Doctrine/Compiled under the Direction of Herman H. B. Meyer.*, Washington, Govt. Print. Off., 1919.

问题在于,关于门罗主义的交锋和辩论为何在这一时期集中爆发?有哪些社会群体参与并分别提出了何种观点?涵盖哪几个阶段?其在美国对外关系史中的定位及深层意涵又是什么?①

如前文所述,门罗主义及其观念结构是美利坚民族主义的自然神学和全部对外关系的思想基石。不过,作为一种观念—意识形态结构,门罗主义的内涵并非静止僵化,而历来是变动不居的。具体来说,经由这一时期的辩论,19世纪古典门罗主义的观念结构得以向现代转型:空间—地理上,以亚美利加大陆主义和"隔离"为特征的"西半球"被延展到以盎格鲁—撒克逊海洋性种族联合及"相互依赖"为内核的全球"大西方";身份—理念上,以"反欧"为核心的19世纪"泛美大家庭"—地方性共和主义修辞被20世纪美欧"大西洋'文明'国家共同体"—普世性自由主义话语取代。大体上,这一时期关于门罗主义的辩论既揭示出亚美利加概念的重塑和再定位,也体现了美利坚民族在走出西半球、获得全球性视野过程中的路径依赖、话语变迁及观念再造。

从更加宏阔的历史视角来看,鉴于这一时期国际政治体系的重心仍然在欧洲,这意味着:作为一个成长经历和外交思想观念均迥异于欧洲的西半球新兴强国,美国要全面参与国际事务,必然面临如何协调和处理与欧洲既有国际体系之间

---

① 实际上,在两次世界大战期间,美国人关于门罗主义的辩论依旧保持着相当热度。然而,就涉及问题的性质和层次而言,1895—1920年的大辩论在重要性上无疑远远超过其他时期。

关系的根本难题。换言之，对建基于一整套所谓"美利坚信条"的自由主义理念型政治体来说，突破 19 世纪孤立主义外交传统并非国家的物质性力量从空间和地理上超越西半球那样简单，而是涉及美利坚民族主义在观念结构、战略取向乃至话语修辞等维度的系统性重塑和深层次变迁。

就此而言，这一时期美国社会关于门罗主义的辩论不仅具有深刻的历史必然性，而且对重新校准对外关系的战略方向及推动观念结构再造也有重要意义，因而非常值得深入探究。

一、委内瑞拉危机与激辩古典"门罗主义"

1895 年美英(委内瑞拉)外交危机是美国对外关系濒临历史转折关头的重大事件。① 危机期间，在与英国政府交涉过程中，国务卿理查德·奥尔尼炮制了一份被格罗弗·克利夫兰总统夸赞其威力堪比"二十英寸大炮"的外交照会。

从思想和观念视角来看，这份照会有三个方面值得关注：首先，奥尔尼断言美国政府依据门罗主义"有权"介入英国和委内瑞拉的领土争端；其次，奥尔尼公然宣称美国是西半球"大陆上的主权者，它的意志就是其干预所及对象的法律"；

---

① 危机期间，门罗主义及其维护成为美国社会各界关注的焦点。12 月 17 日，克利夫兰总统在国会咨文中向英国发出最后通牒，要求对英—委领土争端进行强制仲裁，两国一度濒临战争边缘。不过，英国最终同意了美国提出的争端解决方案，危机遂戏剧性地收场。

再次,最值得关注的是他在论证中赖以凭借的意识形态框架。这里,奥尔尼通过援引国际法来支持他所指称的美国"传统政策"——(东西半球)互不干涉。

在他看来,1823 年《门罗宣言》的精神依然适用——

毋庸置辩,距离和绵延三千英里的海洋,使欧洲与美洲国家间任何永久性的政治联盟都是不自然及不合时宜的……欧洲有其特殊的基本利益;美国对它们不感兴趣,不会对其感到烦扰或(愿意)与之纠缠在一起。①

依据照会的描述,欧洲仍是由常备军统治的"君主制"大陆,因此,防止这种影响跨越大西洋,对于美洲的"人民自治事业"仍是非常必要的。

欧洲作为整体——法兰西共和国是唯一例外——实行君主制政体。另一方面,美洲却致力于相反的原则……必须承认,欧洲与美国的政策存在无法调和的差异。②

---

① *Papers Relating to The Foreign Relations of The United States*, *With The Annual Message of The President*, Transmitted to Congress December 2, 1895, Part I, p. 566.

② *Papers Relating to The Foreign Relations of The United States*, *With The Annual Message of The President*, Transmitted to Congress December 2, 1895, Part I, p. 557.

这些话语表明,尽管奥尔尼照会关于"美洲是美国人的美洲"宣示从根本上颠覆了《门罗宣言》最初的概念框架("美洲是美洲人的美洲"),他在论证观点时依据的却仍然是1823年《门罗宣言》时代的意识形态(观念)结构。

如果说危机期间举国上下沉浸在门罗主义的狂热之中,那么,当危机甫一消退,理智渐居上风。[1] 一些头脑冷静的知识分子在经过反思后逐渐意识到:由于时过境迁,奥尔尼照会及克利夫兰国会咨文对门罗主义的认识已陈旧过时。[2] 更重要的是,就像刚刚过去的外交风波所揭示出的那样,这种"时代错误的"门罗主义观有可能在两个伟大且同根同源的盎格鲁—撒克逊"文明"国家间酿成巨大的战争灾祸——而这是他们绝对无法容忍的事情。

从笔者目前搜集到的资料来看,1896年初哥伦比亚大学教授菲利克斯·阿德勒在纽约道德文化学会发表题为《门罗主义与美国的好战精神》演说,吹响了此后延绵半个多世纪关于门罗主义辩论和交锋的第一声号角。

---

[1]　事实上,英国驻美大使庞斯福特勋爵在12月24日的报道中称,几天前美国社会的"歇斯底里"态度已开始改变。"一股强烈的暗流开始涌动,反对总统的战争姿态。美国最杰出的法学家和主教、神职人员谴责他,而他实际上没有得到金融界的同情。"参见 Canterbury, P. R. O., F. O., 115, Vol. 996, December 24, 1895, 转引自 Dexter Perkins, *The Monroe Doctrine*, 1867—1907, The Johns Hopkins Press, 1937, p. 199。

[2]　事实上,克利夫兰政府在外交危机中的立场得到了国会的压倒性支持。参议员约翰·瑟斯顿评论说:"它(门罗主义)是祖先留给我们的无价遗产。我们越来越认为它是政府形式的一部分,就像美国宪法一样。"参见 *Congressional Record*, 54th Cong., 1st sess., xxviii, p. 1033。

阿德勒在演说中提到:一股此前从未显露任何蛛丝马迹的好战激情在过去两周里如洪水般席卷了整个美国,并断言其植根于美国人对门罗主义的非理性信仰:①

> 新闻界、国会众议院和舆论一致支持(总统)咨文,一切均表明……在这个国家的事物表象之下有一种人们没有注意到的好战激情在潜滋暗长;燃料在积累,只需一丁点火星就会燃烧成燎原大火。②

既然这一切都肇源于门罗主义,那么,何谓"门罗主义"?缘何其竟有此等魔力?鉴于门罗主义的确切意涵在公众心目中历来都很模糊,甚至存在巨大争议,故阿德勒也不可能给出一锤定音式的权威定义——何况其观念结构正处在历史上前所未有的剧烈变迁进程之中。

不过,在探究门罗主义确切意涵的过程中,他却意外揭示了"门罗主义"在当时面临的尴尬境遇:一方面,门罗主义在地理上囊括了"西半球",这意味着它一开始就与拉丁美洲有

---

① 例如,阿德勒观察到,在总统向国会发表讲话后引发的讨论热潮中,门罗主义本身并未受到任何质疑——即便那些认为其不适用于当前英—委领土争端以及那些反对总统把发生战争可能性放在突出位置的人都不反对门罗主义。

② 他还注意到:随着 19 世纪末美国经济迅猛增长,美利坚民族心理也发生了微妙转变——美国人"开始感到,其能够且应当在世界上占有重要地位……有人想要挑战英国,进行一场更严肃的竞赛,只是为了证明美国在体格上的平等乃至优越"。参见 Felix Adler: "The Monroe Doctrine and the War Spirit in the United States", *JSTOR Primary Sources*, 01-01-1896, pp. 10—11。

内在关联；①另一方面，阿德勒也意识到，与西半球国家相比，无法否认的事实是，美国与欧洲特别是英国等"文明"国家在思想、习性、态度、观点以及其他方面都更有亲近感——

> 尽管这种囊括性（inclusiveness）是决定性的特征，我们不禁要问，南美洲与我们有什么关系？把我们和这些共和国绑定在一起的紧密性（closeness）又是什么？……在我们和南美洲人民之间缺乏与英国那样的古老情谊……南美洲共和国的人口主体是拉丁民族，而美国人属于盎格鲁—撒克逊民族，难道不是吗？!②

既然承认这一点，那么，英国还能像过去那样被想象成美国的当然"敌人"吗？

由此，他联想到在美国公立学校的历史教学中：

> 英国人被描绘成怪物、压迫者、暴君……孩子们……对英国的仇恨多么强烈。1812 年战争的故事，以及南北战争期间我们在英格兰手中遭受的最不慷慨、最不公平

---

① 他写道："门罗主义的提出与南美洲是有关联的……在其前提中有着巨大和吸引想象力的东西……它凝视着一个广阔的空间……把南美洲囊括进来是整个门罗主义的特点，否则就不可能理解它。"参见 Felix Adler："The Monroe Doctrine and the War Spirit in the United States"，pp. 4—9。

② Felix Adler："The Monroe Doctrine and the War Spirit in the United States"，p. 5。

待遇的叙事,更加深了这些印象……应讲述全部事实——无论对英国有利还是不利的事实……我们有必要强调自己作为一个民族对英国的亏欠。①

作为推理的结果,他提出了乍一看似乎有些"惊世骇俗"的观点:

假如英国对南美洲进行统治——英国统治(固然)伴随土地掠夺和侵略,同时也带来秩序和稳定——会造成巨大的不幸吗?!②

在当时,阿德勒并非唯一不惮于"冒天下之大不韪"发出"谔谔之言"的人。

同年3月,哥伦比亚大学教授约翰·伯吉斯在《政治科学季刊》上撰文,矛头直指美国社会被克利夫兰政府特别是奥尔尼照会所煽动起来的"非理性"情绪——一种"时代错误"和关于门罗主义的"恋物癖"。

神圣同盟已消亡50年了,在(当代)欧洲政治中没有任何事物与其有丝毫类同之处。在俄国以西的欧洲没

---

① Felix Adler: "The Monroe Doctrine and the War Spirit in the United States", p. 12.

② Felix Adler: "The Monroe Doctrine and the War Spirit in the United States", pp. 12—13.

有一个法律意义上的(jure divino)君主政体,这些欧洲国家比南美洲秩序最好的国家拥有更多的自由、更好的政府及更完美的和平统治……(它们)没有一丁点意图要把君主制或其他政体强加给任何南美国家。①

他据此断言——

鉴于欧洲政治和政府状况与本世纪第三个十年的情况截然不同,今天美国的实际政治中不可能存在诸如门罗主义这样的事物。②

他抱怨说,不知从何时起,门罗主义作为政治理念或学说已被提升到"恋物癖的(fetich)地位"。③

不仅如此,更让人忧虑和担心的是:

一提到这个词(门罗主义——笔者注),美国政治的晴朗天空刹那间电闪雷鸣、黑暗笼罩,(紧接着)导致商业损失和混乱,民众对公共财政的信心下降,国会未经讨论就采取行动,以及对友好国家的普遍强烈愤怒。④

---

① John W. Burgess, The Recent Pseudo-Monroeism, *Political Science Quarterly*, 11(1896), pp. 45—46.

② John W. Burgess, The Recent Pseudo-Monroeism, p. 46.

③ John W. Burgess, The Recent Pseudo-Monroeism, p. 46.

④ John W. Burgess, The Recent Pseudo-Monroeism, pp. 46—47.

在伯吉斯看来,对美利坚这样动辄标榜"具备自治与共和制度条件的民族"——其"有能力和决心研究事物的实质而不被名称、口号和标语所迷惑"——来说,这样的现象

是最可靠的证据,表明它不适合这样的政府和制度。在一个民族的政治科学中,任何此类学说的存在都构成重大危险的来源。应始终以不信任和怀疑的眼光审视,发现并根除制造它们的心理倾向。①

这等于说,在伯吉斯看来,"古老而受人尊敬的"、真正的门罗主义随时间流逝已化作历史陈迹;如今,被克利夫兰总统和国务卿奥尔尼等政客标榜的所谓"门罗主义"(Monroeism)②无非是用来"蒙蔽理智、激发狂热"的"标语和口号"。③

更让伯吉斯感到费解甚至恼火的是:

尽管门罗先生的宣言对抗当时的神圣同盟,抵抗他们将其体制扩展到美洲大陆的任何一部分,奥尔尼先生却用它反对所有欧洲强国及政治体系;而且,在当前事态下,反对的正是从未属于神圣同盟的欧洲强国(英国——笔者注)——其在国内政府和国际关系上都谴责

---

① John W. Burgess, The Recent Pseudo-Monroeism, p. 46.

② 需要强调和指出,伯吉斯本人及后来一系列评论家对"门罗主义"在拼写上的差异化表达(Monroe Doctrine 与 Monroeism)显然值得关注。

③ John W. Burgess, The Recent Pseudo-Monroeism, p. 46.

和否定神圣同盟的原则,并与美国共同反对将这些原则扩展到美洲。①

于是,在他眼中,就奥尔尼照会援引门罗主义应用于英国和委内瑞拉边界争端的情况而言,一个"吊诡的"场景出现了:

> 一个古老的欧洲殖民地(英属圭亚那——笔者注)跨越埃塞奎博河两岸,因此至少对这条河的流域拥有坚实的国际法权利;其在稳定的自由政府领导下,在和平与自由中享受繁荣的生活。(与之相邻的是)一个相对年轻的西班牙裔美洲国家(委内瑞拉——笔者注),其在叛乱中诞生,在分裂中受洗,献祭于数不清的革命之中。②

概言之,奥尔尼由于对门罗主义的错误援引,相当于把英国这个"友好国家"——"她的友谊比地球上所有其他列强加在一起更有价值"——粗暴地推到了美国的对立面。而在伯吉斯眼中,英国的制度远比南美洲国家更接近于真正和健全的民主,而大英帝国作为"伟大而成功的组织"更是把"文明"带到了世界各地。③ 如此一来:

---

① John W. Burgess, The Recent Pseudo-Monroeism, p. 48.

② John W. Burgess, The Recent Pseudo-Monroeism, p. 48.

③ John W. Burgess, The Recent Pseudo-Monroeism, p. 58. 这里需注意的是伯吉斯对大英帝国的评价比阿德勒更积极、更有确定性——如前所述,阿德勒尚且承认"英国的统治(固然)伴随着土地掠夺和侵略"。

即便整个南美洲都在大英帝国的殖民统治之下,美国的领土完整、安宁或福祉会否遭受丝毫损害是有疑问的……倘若南美洲变成了英国的殖民地……真正自由和稳定的政府将得以建立,而不是在没完没了的革命中阻碍进步和消耗土地财富——资源将得到利用,进而为美国乃至全世界的商业和福祉作出贡献。①

一言以蔽之,考虑到"英国与世界上任何强国相比,其血统、语言、历史、文学、习俗、法律和制度都更接近于美国",因此,美英之间爆发战争的后果将必定是:

国家财富将在这样一场可怕的斗争中耗尽;在一场(亲人)自相残杀的战争中将流尽美国人的鲜血和在军事政权下牺牲自由……世界上两个最"文明"的国家为解决争端而重新引入战争的野蛮……无异于对国家、道德、宗教、文明和常识的犯罪。②

最后,伯吉斯得出了同样的结论:英国作为世界上最强大的国家,并非美国的对手或敌人,而是朋友和亲戚——"美国政府必须始终重视同英国的外交关系"。③ 因此:

---

① John W. Burgess, The Recent Pseudo-Monroeism, pp. 60—61.
② John W. Burgess, The Recent Pseudo-Monroeism, p. 62.
③ John W. Burgess, The Recent Pseudo-Monroeism, p. 66.

这种……仇恨精神,对我们的和平与福祉构成持续威胁;不仅应当受到政府控制,而且应当仔细审查它的根源;假如没有正当的理由,就应当从大众的思想中涤除。①

更巧合的是,伯吉斯不仅对这种仇英情绪——"在全国范围内广泛传播,控制着人民,并对国家的真正利益构成极大威胁"——根源的诊断与阿德勒教授完全雷同,甚至连开出的药方都如出一辙:

无疑,这种情绪存在的主要原因之一是我们的公立学校对革命史的通常解读……毫不奇怪,由于对早期美国历史有这样的解读,年轻人在成长过程中对"旧英格兰"存有尖刻的偏见,这种偏见在他们成年时被记忆并指向今天的英格兰。如今,是我们的公立学校教授历史观点不那么偏颇片面的时候了……②

就在同一时期,耶鲁大学教授威廉·格雷萨姆·萨姆纳也在一篇题为《土地饥饿与土地掠夺哲学》的文章中提出:

正如有参议员将华盛顿《告别辞》中提到的原

① John W. Burgess, The Recent Pseudo-Monroeism, p. 63.
② John W. Burgess, The Recent Pseudo-Monroeism, pp. 63—64.

则——美国应避免与外国结盟——称作"华盛顿恋物癖"(Washington fetish)那样,我或许可以把门罗主义称作"门罗恋物癖"(Monroe fetish)。应尽最大努力宣告我们从教条中解放出来,独立思考一切问题,按照理性和良心而不是任何人的传统教条行事。①

萨姆纳认识到,门罗主义的名声之所以每况愈下,是由于"那些试图通过喊'门罗'来迫使我们做他们想做的事情的人,一旦对门罗主义的使用被证明是错的,就会放弃门罗主义——但他们不会因此放弃提出的计划"。说到底,这些人并非真心"遵从门罗,不过是用他的名字作为一个棍棒来击打我们"。②

此外,"门罗主义经常被解释为一种新的学说,即地球应当被分成独立的两部分——东方和西方"。然而:

还有另一种关于全球政治组织的观点……它是这样一种看法:各国正在缔造一个由越来越繁密的国际法联合起来的国际大家庭,并建立管理国际关系所必需的各种制度,通过自由贸易将利益共同体维系在一起……③

---

① William Graham Sumner, "Earth Hunger or The Philosophy of Land Grabbing" (1896), in *Earth Hunger and Other Essays*, Yale University Press, 1913, p. 59.

② William Graham Sumner, "Earth Hunger or The Philosophy of Land Grabbing", p. 59.

③ William Graham Sumner, "Earth Hunger or The Philosophy of Land Grabbing", p. 62.

紧接着,一个振聋发聩、石破天惊的结论便水到渠成了:

> 假如这种观点是正确的,那么门罗主义——世界的
> "双重政治组织主义"(世界划分为彼此隔离的东西两个
> 半球——笔者注)——就是文明国际政策道路上一块野
> 蛮的绊脚石![1]

不过,更富有启示性的论点却出自伯吉斯曾经的学生及美利坚合众国未来的总统——西奥多·罗斯福。在发表于1896年3月《文学士》杂志上的文章中,针对有人关于门罗主义究竟是不是一项国际法原则的"琐细"争论,罗斯福断言:

> 不应从纯粹的学术立场看待门罗主义,而要作为一
> 种广泛而普遍的生活政策原则加以考量。其正当性不在
> 于先例,而在于国家的需要和西半球文明的真正利
> 益……假如门罗主义还不存在,那就有必要立即建立
> 它……门罗主义不是法律问题,而是政策问题……对它
> 的定义过于死板以致无法顾及不同情况下的国家利益,
> 是不可取的。[2]

---

[1]　William Graham Sumner, "Earth Hunger or The Philosophy of Land Grabbing", p. 63.

[2]　Theodore Roosevelt, "The Monroe Doctrine", The Bachelor of Arts, March, 1896, in *Administration [and] Civil Service*, Putnam's sons, 1897, pp. 111—115.

总之,随着南北战争后跨大西洋贸易、经济一体化和文化交流由于交通运输、技术进步而成为可能,美国和欧洲更紧密地联系在一起,进而塑造了一种全新的"大西洋景观";与此同时,由于帝国主义时代来临,新旧世界之间的权力关系和相互形象被重塑,这使美国得以在变化了的大西洋背景下重新定义自己的地位和身份。

表现在思想和观念领域,尽管委内瑞拉危机期间克利夫兰政府援引门罗主义意在强化及宣示美国对西半球的政治掌控——其内在地要求排斥英国(以及稍后的西班牙)在西半球的影响力,然而,危机期间克利夫兰政府站在委内瑞拉一边反对英国的姿态还是冒犯了在一部分美国人中新近兴起的盎格鲁—撒克逊种族身份意识。这些都预示着:在门罗主义的观念结构中,表达和标识美国国家身份的主要因素即将从空间—地理转向**身份—宗谱**(genealogy)。

二、吞并菲律宾与新旧"门罗主义"观交锋

1898 年美西战争是美国对外关系史上的分水岭与划时代事件。对公众而言,战争后果特别是远东菲律宾殖民地的吞并导致了双重"偏离"或"位移":美国不仅成为一个拥有海外殖民地的帝国,它也走出了西半球传统的"利益范围"。

显然,对美国这样建基于一整套所谓"美利坚信条"的自由主义理念型政治体来说,如此沧海桑田般的巨大变迁需要在国家认同构建、意识形态塑造及外交战略取向等方面作出深刻

调整,甚至不排除短时期内产生强烈的政治痉挛效应——这是由于,考虑到反殖民主义的传统原因,公众对以军事力量去控制一个外部社会非常反感,因而那些主张仿效欧洲列强扩展海外殖民地的帝国主义外交政策将难以获得广泛认同。

毫不意外,当战争结局渐趋明朗,特别是以美国获取菲律宾殖民地为主要内容的《巴黎条约》签订后,旋即在国内的反帝民主派人士中激起警觉和反对,并迅速汇合成一场规模巨大的反帝国主义运动。[①] 在反帝国主义者眼中,经由战争兼并海外殖民地无异于同"旧世界"散发着恶臭的帝国主义外交沆瀣一气,是对美利坚合众国"民主—共和"传统的公然践踏和玷污。

(一) 固守成规

关于美西战争后的反帝国主义运动,学界讨论已很充分。就本书的主题而言,最值得关注的是:除《独立宣言》《美利坚合众国宪法》及华盛顿《告别辞》等经典文献外,反帝国主义者在对那些主张吞并海外殖民地、扩充军备和参与大国权势竞争的帝国主义者或"大政策派"口诛笔伐时运用的思想武器正是"门罗主义"。[②]

---

① 关于美西战争后的反帝国主义运动概况及反帝民主派的政策主张,参见李庆余:《试论美国民主派反帝运动》,《南京大学学报》(哲学·人文科学·社会科学版),1997年第1期。

② 关于"大政策派"及其主张,可参考 Julius W. Pratt, The "Large Policy" of 1898, *The Mississippi Valley Historical Review*, Vol. 19, No. 2 (Sep., 1932), pp. 219—242。

例如,"全国反帝国主义俱乐部协会"(National Association of Anti-Imperialist Clubs)的《章程》第 1 条第 1 款就将"门罗主义"与《独立宣言》《美利坚合众国宪法》等并列,作为其致力维护的一项基本政治原则。① 而在一本题为《马尼拉还是门罗主义?》的小册子中,约翰·切特伍德将"门罗主义"看作美国对外关系的思想基石,它自 1823 年以来有效地规范了美国—欧洲—西半球国家间的政治关系。因此,通过占领菲律宾介入半球之外的事务将得不偿失——

> 兼并菲律宾……与门罗主义的原则相悖……占领马尼拉(意味着)放弃门罗主义,让我们面临一个非常严肃的问题……迄今为止,我们对门罗主义的忠诚从未动摇。这是 1823 年以来国家外交政策的基础……我们将国家的和平、安全、免征巨额军事赋税的自由以及在西半球的霸权,都归功于它。②

反之,倘若在战后吞并菲律宾,那就不仅意味着门罗主义已被摒弃,更将彻底丧失依据门罗主义要求域外强国不得插手西半球事务的"道义"优势:

---

① *The Republic*, September, 1900, 1. 转引自 Alex Bryne, *The Monroe Doctrine and United States National Security in the Early Twentieth Century*, p. 24。

② John Chetwood, *Manila or Monroe Doctrine*? Robert Lewis Weed, 1898, p. 3.

我们援引门罗主义来提醒他们,美国历来把行动限制在西半球,并告诫另一个半球的列强必须仿效我们。迄今为止,他们一直遵循美国的表率——尽管有些勉强;但是,假如(美国)在亚洲海岸侵入他们的半球,我们有什么权利认为他们会继续尊重美国曾经有过承诺,但(又)首先违反的原则呢?①

针对有人关于吞并菲律宾与不干涉欧洲事务并不矛盾的"诡辩",他反驳称:

必须记住,欧洲和亚洲不仅位于同一半球,而且事实上是同一片大陆。早在本世纪初,欧洲就在不止一个点上将其(力量)投射到亚洲。今天……广袤的亚洲大陆实际已成为欧洲的附属物。吞并菲律宾,我们将掉落在欧洲或日本属地的巢穴之中……②

总之,既然美国吞并菲律宾势必打破远东固有的势力均衡——其本质是欧洲均势在远东的投射,那么,美国有什么理由反对"域外强国"介入西半球事务呢?!

这样的担忧在国会里也激发了共鸣。

例如,在参议院的辩论中,反帝国主义者、共和党参议员

① John Chetwood, *Manila or Monroe Doctrine*? p. 18.
② John Chetwood, Manila or Monroe Doctrine? pp. 18—19.

乔治·霍尔禁不住扼腕叹息:

> 门罗主义已经消亡……每一个欧洲国家或联盟,都有权在我们获得另一个半球的统治权时,取得对西半球的统治权。①

不仅如此,对反帝民主派而言,吞并菲律宾、放弃门罗主义还将使组建更大规模的武装力量成为必要,这不仅会增添不必要的财政负担,也会成为美国社会"军国主义化"的推手——军国主义将在美国内部溃烂,并压制使美国成为更高文明的道德力量。

在1899年4月举行的一次集会上,托马斯·利弗莫尔上校提出:

> 我……反对将领土扩张到大洋彼岸。海洋是抵御列强侵略的最好屏障。八十多年来,这个屏障使我们得以在没有强大的常备陆军或海军负担下生活……兼并菲律宾

---

① *Congressional Record*, 55th Cong., 3rd Sess.,1899, p. 501. 一些有影响力的报纸也持同样论调。《斯普林菲尔德共和报》谈到了"门罗主义的破灭"。《波士顿先驱报》宣称,占领这些岛屿将"背离我们的传统政策",并"彻底摧毁门罗主义"。《里士满纪事报》宣称,雄心勃勃的外交政策将"冒着给外国提供违反门罗主义借口的风险"。《圣路易斯共和报》宣称门罗主义是"西半球的指路星辰",敦促美国人"在用保卫西半球的权利来换取参与欧洲君主制殖民计划的权利前三思而后行"。《芝加哥纪事报》认为,占领菲律宾意味着"摆脱詹姆斯·门罗的束缚,(转而)遵循拿破仑·波拿巴和腓特烈大帝的戒律"。以上报刊文献均转引自 Dexter Perkins, *The Monroe Doctrine*, 1867—1907, pp. 282—283。

将摧毁这一不可估量的优势——它将使美国不得不在距离海岸 10000 英里的地方以及大国利益冲突的范围内以武力保卫领土；其成本远超我们从菲律宾获得的任何收益，由此产生的赋税将成为美国人的沉重负担……门罗主义承诺保护西半球不受旧世界侵略，应当把精力放在这片我们已经有了负担的土地上，而不是遥远的菲律宾。①

约翰·帕克则完全依据门罗主义关于"两个世界划分"及其政策意涵进行推理——

我们有理由尽快放弃亚洲的责任，它可能给我们带来无休无止的困难和复杂局面……门罗主义可以用"美洲属于美洲人"来表达。在我看来，它意味着美国不仅应保护西半球免受外来干涉，反过来也要避免对东半球事务进行不必要的干涉。"欧洲属于欧洲人""亚洲属于亚洲人"是同样合乎逻辑的表述……倘若承认门罗主义是美国对外关系的一项基本原则，我们就得遵守它隐含的限制。②

美国和平协会杂志《和平倡导者》在一篇题为《门罗主义

① Anti-Imperialist League, *In the Name of Liberty: Anti-Imperialist Meeting, Tremont Temple, April 4, 1899: Protest Against the Philippine Policy*, The Anti-Imperialist League, 1899, pp. 23—24.

② John H. Parker, "What Shall We Do With the Philippines?" *The Forum*, February, 1902, p. 669.

的可耻运用》社论中也提出了相同的论调：

> 设想我们可以随意地将主权推进到太平洋岛屿,抵
> 达亚洲海岸,并威胁地盘旋在欧洲列强的"势力范围"之
> 上;然后指望这些"扩张成性的"国家远离南美洲广阔的
> 未征服土地,并永远忍受我们对整个西半球至高无上地
> 位的吹嘘,是极其荒谬的……如果适用于美国在东半球
> 行为的门罗主义的一半(the half)已经由于我们的行动
> 不再起作用,欧洲国家就会一致宣布另一半(the other
> half)已经消亡。①

前副总统阿德莱·史蒂文森在一篇文章中提出,门罗主
义的精髓是：

> 尽管禁止(欧洲)在美洲大陆建立专制政府,但我们
> 也承诺相应的义务,即避免将美国的政治制度强加给旧
> 世界……美国今天是否可以承认门罗主义依然对别国有
> 约束力,却唯独对自己没有约束力? ……这关系到国家
> 诚信和荣誉……帝国主义者的梦想是：获取不可告人的
> 商业利益和(让)美国成为欧洲政治的主要因素。②

---

① "Criminal Use of the Monroe Doctrine," *The Advocate of Peace*, June, 1900, p. 125.

② Adlai E. Stevenson, "A Republic Can Have No Subjects," in William Jennings Bryan, ed., *Republic or Empire：The Philippine Question*, The Independence Company, 1899, pp. 270—271.

总之,通过援引门罗主义来抗议对菲律宾的吞并,反帝国主义者对他们所理解的美国和欧洲帝国主义的不同本质进行了甄别和区分。"门罗主义"代表了一种被认为与美利坚民主—共和传统相容的帝国主义形式,也象征着一种想象中的无纠葛传统和纯粹的反殖民主义。如此一来,美利坚帝国被定义为仅局限于西半球,需要通过遵守门罗主义建立的美国与欧洲列强之间微妙的外交平衡——假如吞并菲律宾,这种平衡就会打破——防范和杜绝欧洲邪恶图谋的影响;相反,半球外殖民扩张却可能将美国拖入旧世界危险的帝国竞争体系之中。

显然,作为19世纪的老式自由主义者,反帝民主派的门罗主义观在所有方面都指向美国霸权主导下的19世纪"新大陆光辉孤立"——更确切地说是对1823年《门罗宣言》严格字面解释和推理的结果。[1]

(二) 革故鼎新

不出所料,这种刻板守旧甚至带有某种"原教旨"气息的门罗主义观一经提出便遭到那些主张吞并菲律宾,进而参与

---

[1] 例如,1900年以"反帝"为主要政纲的民主党宣称:"共和党在1900年6月费城大会上通过的政纲宣言说,他们'坚定地坚持门罗主义中宣布的政策',这明显是不真诚和欺骗性的。这项主张与共和党公开宣布的政策相矛盾,因为在东半球获取并保持对广袤领土和大量人口的主权违背了门罗主义的精神。我们坚持严格维护门罗主义的完整性——无论在文字上还是精神上,这对防止欧洲在美洲大陆上的权势扩张是必要的,对我们保持在美洲事务中的优势地位也是必要的。"参见 K. H. Porter, *National Party Platforms* (New York, 1924), pp. 212—213。

远东权力政治游戏的"大政策派"的批驳和挑战。

不过,需要强调和指出,在美国向西班牙正式宣战前,存在一个诡异的现象:诸如海军部副部长西奥多·罗斯福、参议员亨利·卡博特·洛奇和艾伯特·贝弗里奇及海军战略家阿尔弗雷德·塞耶·马汉等"大政策派"人士,甚至威廉·麦金莱总统本人均刻意避免提及"门罗主义"。① 因此,一定程度上正是由于反帝国主义者使门罗主义成为帝国主义辩论的中心议题,进而迫使其对手不得不对门罗主义重新定义。

对反帝国主义者言论的最初回应是认定吞并菲律宾与门罗主义的应用全然无关。例如,1898 年 7 月《哈珀斯周刊》一篇题为《不许欧洲干涉》的社论文章提出:

> 欧洲干涉美洲事务可以谅解的借口是:正如美国建立了门罗主义抵制欧洲对这个半球的干涉,欧洲也可以建立相应的学说对抗我们。一般而言,我们将被迫承认该主张的正确性——倘若坚持超出国会在参战时自愿作出的承诺,强行及不合理地吞并菲律宾群岛,门罗主义将不得不废止……只在一种情况下,门罗主义必定由于吞并西班牙领土而消亡,即蓄意通过征服占领那片领土,且

---

① 关于战前国会辩论的一般情况以及对麦金利政府门罗主义话语缺席背后深层考量的精彩分析,参见 Sylvia L. Hilton, «Americana en letra y espíritu»: la doctrina Monroe y el presidente Mc Kinley en 1898, *Cuadernos de Historia Contemporánea*, número 20,1998。

仅仅为了扩张领土……但就目前而言,我们并没有卷入
门罗主义所反对的那种性质的战争。①

这等于说,吞并菲律宾领土本身并不必然意味着美国背
弃了门罗主义,行为背后的意图和动机才是关键。换言之,假
如美国基于"教化"当地民众之"崇高"目的,而不像欧洲列强
那样只是一味地"征服"和"扩张"领土;那么,即便吞并菲律
宾群岛也是有高度正当性的"义举"。何况,即便战后美国夺
取了菲律宾,那也是"环境力量"逼迫的结果。

与《哈珀斯周刊》基于意图和动机的推理不同,外交官怀
特洛·里德则从空间—地理角度提出,尽管反帝国主义者把
亚洲和欧洲归为同一个半球,并坚持新旧世界二分观念,但他
认为:亚洲和欧洲实际上是截然不同的地缘政治区域,因而吞
并菲律宾与门罗主义并无实质关联。

门罗先生的话或许可以被恰当地理解为一种普遍的
保证,即只要欧洲不再给我们在美洲制造麻烦,我们就不
会干涉欧洲事务;但当然它并没有放弃对亚洲、非洲和海
上岛屿的专属管辖权。②

---

① "No European Interference," *Harper's Weekly*, July 23, 1898, p. 707.

② Whitelaw Reid, "The Territory with Which We Are Threatened," *The Century*, September 1898, p. 793.

从辩论的发展趋势看,贺拉斯·费舍尔在这个问题上的思考过程更具有典型性和"风向标"意义。

在写给海军部长约翰·戴维斯·朗的信中,他首先指出:与"商业关系"或"国家间通常的交往关系"不同,"政治关系"或政策是一国主权范围内的事情,其目的是"促进或保护国家的伟大永久利益",且"不受先例和其他国家政策的限制"。其次,就美国外交政策而言,"正如在《门罗宣言》及后来的应用中阐明的那样,只涉及美国对欧洲政治的干预以及欧洲对美洲政治的干预"。因此,美国

> 在美洲和欧洲之外的政策——无论在太平洋、东亚还是南部非洲——与门罗主义没有任何关联,也不会以任何方式影响它……担心这种扩张会对门罗主义产生影响是毫无根据的。[1]

在《大西洋月刊》稍后发表的文章中,费舍尔更进一步提出:当情况出现时,美国有权"改变或修改"门罗主义"实际应用于促进国家的伟大永久利益"。[2]

这样的主张与哈佛大学教授、历史学家阿尔伯特·布什内尔·哈特不谋而合。

---

[1] Horace Fisher to John Davis Long, July 15, 1898 in John Davis Long, *Papers of John Davis Long 1897—1904*, ed. Gardner Allen, Massachusetts Historical Society, 1939, pp. 157—158.

[2] Horace N. Fisher, "The Development of our Foreign Policy," *The Atlantic*, October 1898, p. 553.

在一篇题为《门罗主义与永恒利益原则》的文章中,哈特提出,由于时过境迁,1823 年的宣言已演变成"一种崇拜(cult)而非明确定义的原则……在我们的头脑中不再具有固定而重要的意义";作为一套"陈腐的公式",已无法在新的时代条件下"表达美国的愿望"和"促进永恒的国家利益",因而创立一套"新学说是绝对必要的"。①

事实上,

> 把美国外交政策永远建立在与东半球的争端或外交安排完全隔离的原则之上没有意义……(1823 年以来)地球两端每年都靠得更近了。宣称门罗主义仍然是美国的指导原则,等于向其他国家暗示:我们在美洲之外没有任何权力。两个领域永远不可能分开;美国是世界强权,不可能在要求享有外交隐士特权的同时又掌控西半球。②

总之,面对改变了的时代条件,美国不应抱残守缺,而应以"永恒的国家利益"为基础,重新建立"永恒的利益学说"(doctrine of permanent interest)取代过时的门罗主义。③

---

① Albert Bushnell Hart, "The Monroe Doctrine and the Doctrine of Permanent Interest", *The American Historical Review*, Vol. 7, No. 1 (Oct., 1901), pp. 77—82.

② Albert Bushnell Hart, "The Monroe Doctrine and the Doctrine of Permanent Interest", p. 87.

③ 需要再次强调和指出,哈特所说的门罗主义特指反帝国主义者心目中那种带有"原教旨"色彩的门罗主义。

马汉在梳理美国外交史后也认为：

> 狭隘地讨论门罗主义徒劳无益……门罗主义的美
> 德……在于与国家的需要相一致；其拥有一种固有的生
> 命原则，该原则就像生长的植物那样灵活地适应它遇到
> 的各种境况。①

不过，严格地说，这些见解并不新鲜。如前所述，早在
1896 年，西奥多·罗斯福就已表达过类似的观点。在其总统
任内，罗斯福继续不遗余力地宣扬他的"新门罗主义观"：

> 门罗主义……是美国外交政策的基本特征……
> （其）之所以有这样的地位，是因为我们没有让它石化，
> 而是调整了对它的解释，以满足本半球不断增长和变化
> 的需求。石化必然意味着死亡——无论对个人、政府还
> 是学说都是如此。②

（三）妥协与合流

然而，应当看到，反帝国主义者与其对手的"门罗主义

---

① Alfred Thayer Mahan, *Naval Administration and Warfare: Some General Principles with Other Essays*, Little Brown and Company, 1908, p. 376.

② Untitled Speech, Chautauqua, Aug. 11, 1905, in Theodore Roosevelt, *Presidential Addresses and State Papers of Theodore Roosevelt*, Vol. 4, Colliers, 1905, p. 439.

观"并非泾渭分明、不可调和。相反,存在一片灰色区域,随局势发展,表面上对立的双方能够逐渐靠拢并达成妥协。

反帝国主义者提议,以古巴为样板在菲律宾建立保护国并不违反门罗主义外交传统的想法,就是这样一个显著事例——当 1901 年"普拉特修正案"正式确立美国对古巴的保护国地位时,霍尔参议员称其为"适用门罗主义适当且必要的规定"。罗斯福总统就此评论说:"即使是霍尔,在一条我实在无法跟上的迂回曲折道路上,也转过来支持条约了。"①

民主党领袖威廉·詹宁斯·布莱恩也认为,门罗主义曾在没有给美国带来负担的情况下充当了拉丁美洲的盾牌,其应当在菲律宾复制,而非致力于彻底吞并。实业家安德鲁·卡内基也以西半球的门罗主义遗产作为理由:"古巴在门罗主义保护下,那里不会有外国干涉。将菲律宾置于类似境地——直到他们有一个稳定的政府。"②

这些情况说明,反帝国主义者们关于"门罗主义"在空间—地理上适用范围的理解出现了松动,其立场与对手逐渐靠拢甚至趋同。

此外,在战后吞并菲律宾的既成事实以及美国许诺在菲律宾建立自治政府为今后"独立"作铺垫和准备等"台阶"面前,为免受"资敌叛国"指责,即便一度"义愤填膺"的反帝国主义者也不得不基于政治上的权宜之计,半推半就地同意修

① TR to Root, February 16, 1904, *Root Papers*, container 163, LC.
② Alex Bryne, The Monroe Doctrine and United States National Security in the Early Twentieth Century, pp. 31—33.

正对"门罗主义"的传统理解了。例如,曾担任"全国反帝国主义俱乐部协会"名誉副主席的麦迪逊·杰恩公开承认,固守对 1823 年学说的陈旧理解已不合时宜。

在门罗主义观念结构演化进程中,杰恩的转变是个重要的思想动向——

> 不言而喻的是,如今我们只能要么维持、要么抛弃门罗主义——我们不能既支持它,又把它踩在脚下……舒尔曼主席说,"菲律宾(人)不在门罗主义的范围内"。为什么要说"不"呢?!门罗主义的基本原则是反对暴政,它的精神是普遍有益的;1823 年,美国是弱小的,仅仅出于权宜之计,我们把它的应用范围限制在西半球;但如今美国强大了,门罗主义不应受地域限制;既然美国已经成为世界强国,那就让我们在全世界(范围里)应用它吧……①

这段话写于 1900 年 9 月。

作为曾经的反帝国主义者,杰恩的话语表明:在美国近现代对外关系起承转合的关键时刻,门罗主义的观念框架在空间—地理和理念—身份两个维度均致力于突破 19 世纪的藩篱和束缚,并即将以新的姿态和面目显露峥嵘——与 19 世纪

---

① Madison M. Jayne, *The Monroe Doctrine*. Bay St. Louis, Miss., 1900.

古典版本相比,其具有更明确的干涉主义、扩张性和意识形态
色彩。尽管其确切的空间—地理限度及理念—身份意涵尚不
明朗、清晰。①

_____

① 不过,即便如此,反帝国主义者对背弃 19 世纪"新大陆光辉孤
立"的门罗主义传统依旧耿耿于怀。例如,前总统本杰明·哈里森认为,
只有完全的吞并而非一种有限形式的干预才被认为是对门罗主义的废
除——但他仍然认为美国"做了与历史不符的事情",因为它获得了"位
于热带和另一个半球的岛屿地区"。民主党参议员霍勒斯·奇尔顿认
为,当然应该反对任何半球外扩张,但没有必要抑制在美洲的扩张;扩张
和帝国应该"与门罗主义划在同一界线上"。安德鲁·卡内基在 1920 年
出版的自传中认为,吞并菲律宾"严重背离了美国的传统政策——避免
遥远和孤立的属地,并将我们的帝国保持在美洲大陆内"。参见 Benja-
min Harrison, "The Status of Annexed Territory and of Its Free Civilized In-
habitants," Reel 121, *Harrison Papers*; Horace Chilton to William Jennings
Bryan, December 31, 1898, Box 22, *Bryan Papers*; Andrew Carnegie, *Auto-
biography of Andrew Carnegie* (Houghton Miffin Company, 1920), p. 358。

第五章 门罗主义大辩论与亚美利加的重塑和再定位(1900—1920)

> 现在,是停下来确定我们与其他国家的权利和利益之间确切关系的时候了。
>
> ——沃尔特·威尔曼

一、"罗斯福推论"与美国—欧洲—南美政治关系的再校准

1900 年秋,麦金莱以更大优势再次当选总统。此后,一度声势浩大的反帝国主义运动逐渐归于沉寂。然而,在接下来的进步主义时期,围绕"门罗主义"的交锋和辩论非但没有就此淡出公众视野,相反却热度不减,甚至愈益深入。①

核心和根本的问题是:美西战争后美国已崛起成为"世

---

① 美国历史上的进步主义时期(Progressive Era),时间上大致相当于从西奥多·罗斯福 1901 年接替麦金莱担任总统至 1921 年伍德罗·威尔逊任期届满。

界强国",19 世纪古典门罗主义观将要淡出,但新的门罗主义观仍空前模糊、混沌且高度不确定,在如此背景下,怎样为其空间——地理及理念——身份维度注入兼具前瞻性与现实操作性的全新内涵? 如何在全球化浪潮初起和"帝国主义外交"方兴未艾的背景下重新界定美国本身及其与外部世界的政治关系,进而为国家的朦胧巨舰在驶向未来的开放时间海洋进程中确定新的航向和定位?

(一) 世界运动与文明标准

1901 年 12 月,沃尔特·威尔曼在《北美评论》杂志发表了一篇题为《门罗主义应被修正吗?》的文章。威尔曼承认,门罗主义确实"包含了对美国具有最高价值的原则"。然而:

> 自该学说颁布以来,国际关系发生了许多重大变化。美国当时是一个相对弱小的国家,如今已成长为世界上最强大的国家之一……我们没有维持蓄意的孤立政策,而是被拖进了世界领域……在国外有一场世界运动,它遵循自然规律,就像时间进程一样不可抗拒——我们自己也在世界各地有力地参与了这场运动。①

---

① Walter Wellman, "Shall the Monroe Doctrine Be Modified?" *The North American Review*, (Dec., 1901), Vol. 173, No. 541, pp. 832—837. "世界运动"是当时美国知识和舆论界颇为流行的术语,与"全球化"概念大致相同;在威尔曼那里,其系指一个"集中化过程,是自然适者生存的政治方面"。

这表明,与 19 世纪早期美国人把地球想象为彼此隔绝开来的两个半球相比,20 世纪初主张积极参与国际事务的美国人的世界观已今非昔比:①

> 美国作为世界大家庭一员,不仅积蓄了新的力量,而且承担了新的责任;它必须按照约束所有人的规则来进行游戏。但在门罗主义中,美国试图自行建立一套规则……现在,是停下来确定我们与其他国家的权利和利益之间确切关系的时候了。②

威尔曼的话语隐晦地揭示出:在 19 世纪古典门罗主义观念结构中固有的那种(美洲)大陆元地理要素如今越来越被视为一种过时的障碍物——随时间流逝,"该学说的表述形式与现代条件(已)不相协调"。③ 换言之,门罗主义需要在更广阔的空间和文明框架下进行重新审视和考量——在这个框架中,需要抛开"欧美主义之间本质上的不相容",同时拒绝"美洲大陆地方主义和沙文主义",以及与孤立主义相关的

---

① 正如怀特洛·里德所说:"在高速汽船和无线电报时代,南北美洲大陆再也不能被认为是封闭的,并在一定程度上与世界其他地方隔离了。"参见 Whitelaw Reid, "The Monroe Doctrine; The Polk Doctrine; Anarchism", *The Yale Law Journal*, (Oct., 1903), Vol. 13, No. 1, p. 26。

② Walter Wellman, "Shall the Monroe Doctrine Be Modified?", p. 833.

③ 对威尔曼来说,既然门罗主义已变成"过时的信条",那么问题就在于"我们是像 20 世纪初的实际人士一样,就今天的问题发言,还是让我们的声音来自遥远的过去?"参见 Walter Wellman, "Shall the Monroe Doctrine Be Modified?", p. 842。

"某种宗教神圣性"。①

　　而在受到世界运动浪潮冲刷和洗礼的全球化空间里,不仅美国可以向西半球之外的空间自由扩张影响力,其他半球特别是欧洲"进步的""文明"强国同样可以在不触碰和插手美国核心战略区域(诸如"西印度群岛、加勒比海和中美洲地峡"等门罗主义"在理性和权利上有辩护力的地区"②)及获取领土—军事权益的前提下向西半球自由渗透:

　　　　假如在巴西建立新的普鲁士或巴伐利亚,在阿根廷建立新的意大利,在巴塔哥尼亚建立另一个荷兰,在圭亚那建立新的布列塔尼,谁能说结果一定对美国构成威胁呢?难道在这些母国和西半球首要强国(美国——笔者注)之间就没有理由实现永久和平吗?……欧洲对南美洲殖民和控制,难道不会在所有方面——更稳定的政府、更高级的文明、更进步的人民、稳步增加的人口和扩大的市场等——给美国带来好处吗?③

――――――――――

　　① 赫伯特·克罗利语。克罗利是美国进步时代著名政治思想家,其"新国家主义"学说对西奥多·罗斯福产生过很大影响。引文参见 Anders Stephanson, *Manifest Destiny*: *American Expansionism and the Empire of Right*, Hill and Wang, 1995, p. 110。

　　② Walter Wellman, "Shall the Monroe Doctrine Be Modified?", p. 843.

　　③ Walter Wellman, "Shall the Monroe Doctrine Be Modified?", pp. 839—840.

上述话语表明:正当美国在世界上的权势地位发生巨大而深远变迁的时候,America 的身份/差异观念同样也在经历深刻重构。[①] 总之,美国人通过无所不包的"文明"概念,结合基督教道德主义的伦理、"白人至上"的伪科学以及经济和技术发展的力量来重新定义美利坚民族的自我与外部的他者。伴随跨大西洋宗教、种族、贸易和帝国联系破坏了革命年代形成的东西半球和新旧世界僵硬对立,一个跨越大洋的美欧"文明"国家共同体正在隐约浮现。

(二) 再校准及新定位

1903 年 4 月,一位署名"美国商人"的作者在《北美评论》杂志撰文提出:

> 德国、英国……(是)伟大的文明国家,他们与我们有血缘、文学、宗教和商业上的联系,我们不应轻易抛弃他们的友谊……理智而聪明的美国人竟然在这样的问题上谈论与英国或德国开战的可能性,这是令人不安的事

---

① 在门罗主义观念框架中,"America"(亚美利加)这个词占据核心和枢纽地位。原因在于:门罗主义空间—地理与理念—身份维度的落脚点均指向"America"。换言之,作为内涵变动不居、可从政治和文化上重新定义的词汇,America 既是空间—地理上的确指(美利坚合众国或亚美利加大陆),也有理念—身份政治方面的意涵("美利坚信条"或"亚美利加方式")。不仅如此,America 在空间上还包含三层意涵:作为"国家"的 America,作为"半球"的 America,作为"普世"的 America;在理念上又划分为世俗性与超越性两个层面。这些都为政客针对门罗主义的观念结构特别是 America 的意涵进行操弄和重新解释提供了巨大空间。

情,只有在不可原谅和犯罪的无知假设下才能得到解释。①

与此同时,1823 年《门罗宣言》提及的美洲"南方兄弟(国家)",如今却站在北美—西欧"文明"国家共同体的对立面,摇身一变成为"腐败、暴虐、傲慢的土著"(corrupt, oppressive, arrogant natives)②和文化上的"他者"。

不仅如此,即便只是表面上坚持 1823 年"《门罗宣言》"半球"兄弟"平等的理想,这些批评者也视其为一种"野蛮"行为:

> 毫无疑问,门罗主义是造成不幸境况的最强大力量……美国作为现代文明的伟大代表,阻挡人类进步的潮流,成为世界已知的最大障碍;它使南美大陆陷入永久的野蛮状态,这多么让人遗憾!③

最终,这些新的理解和解释在 1904 年罗斯福总统对门罗主义的"延伸"或"推论"中得到了凝固和体现——

----

① An American Business Man, "Is the Monroe Doctrine a Bar to Civilization?" *The North American Review*, (Apr., 1903), Vol. 176, No. 557, pp. 528—529.

② Walter Wellman, "Shall the Monroe Doctrine Be Modified?", p. 841.

③ An American Business Man, "Is the Monroe Doctrine a Bar to Civilization?" *The North American Review*, (Apr., 1903), Vol. 176, No. 557, p. 527.

任何行为端正的国家都能获得我们的真诚友谊。倘若一个国家懂得如何在社会政治问题上效率而体面地行事,能维持国内秩序并偿还外债,其无须担心来自美国的干预。在美洲或其他地方,长期的为非作歹,或无所作为导致"文明"社会纽带普遍松弛,最终需要某个"文明"国家进行干预。在西半球捍卫门罗主义的美国尽管不大情愿,但在出现了那类为非作歹或无所作为的恶劣情形时,将不得不行使国际警察权力……不言而喻,每个国家,无论在美洲还是其他地方,假如想要维护自己的自由和独立,最终必须认识到独立权利与善于利用这种权利的责任分不开。在坚持门罗主义时……我们不仅是为了美国的利益,也是为了普遍的人类利益……①

事实上,在门罗主义观念结构发展史上,罗斯福的"推论"只是把隐含在原初门罗主义修辞中的干涉主义意涵公开表达出来罢了。然而,尽管罗斯福本人用"文明""责任"和"人类"(humanity)等普世性话语稀释了门罗主义的大陆元地理要素,但"推论"的表述着眼点依旧局限于西半球,本质上仍是单边和民族主义原则;而美国作为类似欧洲"文明"国家的自我定位也表明他的"美国观"缺少威尔逊那样的宗教例外论和超越性意涵。

---

① Arthur S. Link and William M. Leary, Jr. (eds.), *The Diplomacy of World Power: The United States, 1889—1920*, New York: St. Martin's Press, 1970, pp. 75—76.

二、伍德罗·威尔逊与作为"世界政策"的门罗主义

在威尔逊总统任期内,随着"新外交"口号提出、"一战"爆发以及美国是否介入战争,特别是美国战后应否放弃孤立主义外交传统并永久性地加入国际联盟,关于门罗主义的交锋和论辩达到了真正的高潮和顶点。

概括起来,威尔逊门罗主义观的核心,一是彻底突破 19 世纪门罗主义隐含的半球和区域意涵对美国外交的空间—地理限制,进而在普世和全球尺度上重新擘画美国的对外关系;二是超越过去对门罗主义的物质性解释,重新在理念和意识形态层面对门罗主义进行再界定。①

(一) 过时的陈词滥调还是永恒的政策基石?

1913 年 6 月,耶鲁大学教授希拉姆·宾厄姆在《大西洋月刊》发表《门罗主义:过时的陈词滥调》一文,后在此基础上扩展成同名著作公开出版。② 在门罗主义思想发展史上,宾厄姆的文章和著作具有多方面的重要性。

---

① 不过,吊诡的是,正当以威尔逊总统为首的民主党自由国际主义者致力于摒弃和突破"门罗主义"的西半球空间—地理局限,并试图在"一战"后通过加入国际联盟永久性地将美国带入国际政治的舞台中央时,反倒遭受了以洛奇参议员为代表的早期"大政策派"人士的阻击和反对。

② Hiram Bingham, "The Monroe Doctrine: An Obsolete Shibboleth," *The Atlantic Monthly* 111, (June 1913); *The Monroe Doctrine: An Obsolete Shibboleth*, Yale University Press, 1913.

首先,文章的发表在公众中引起轰动,并极大地推动了门罗主义辩论的持续和深化;其次,与世纪之交立场偏右的现实主义"大政策派"不同,宾厄姆却站在自由主义偏左的立场上呼吁废除门罗主义;第三,宾厄姆意图为受到门罗主义坏名声"拖累"的美国外交政策重新赋予理想主义光泽,这与威尔逊的"新"门罗主义观有异曲同工之妙。①

宾厄姆指出,随着时过境迁以及奥尔尼和西奥多·罗斯福等人先后作出"推论","门罗主义"在国外特别是西半球不仅变得声名狼藉,更已沦落为一种"过时的"政策:

> 在 ABC 国家(阿根廷、巴西和智利——笔者注)看来,即便最初的门罗主义,也被认为是早就过时的,如今是我们傲慢自负的表现……考虑到欧洲国家已没有君主制倾向,而且实际上与许多美洲共和国一样民主,声称门罗主义是美国外交政策的一个必要因素,实在荒谬至极……让我们埋葬门罗主义,开创一项全新的政策……②

---

① 据学者考证,宾厄姆曾将其关于门罗主义的文章副本寄给威尔逊总统。参见 Mark T. Gilderhus, *Pan American Visions: Woodrow Wilson in the Western Hemisphere*, *1913—1921*, Tucson, AZ, 1986, p. 16。关于威尔逊的"新外交",可参考 Sidney Bell, *Righteous Conquest: Woodrow Wilson and the Evolution of the New Diplomacy*, Kennikat Press, 1972。

② Hiram Bingham, "The Monroe Doctrine: an Obsolete Shibboleth," p. 727.

他接着论证说：

从公正无私及世界和平与幸福的角度来看，门罗主义已毫无价值。但旧的观念、谚语、流行语和老掉牙的话，很难消除……在我们的邻居看来，"门罗主义"这个词本身就充满了令人不愉快的意义。要增加西半球和平与和谐的机会，美国所能做的任何事情都比不上一个明确的声明：我们已超越了门罗主义……①

为此，他甚至提出了相当具体的建议：

如果确有必要维持一些较弱小和躁动不安共和国的秩序，为何不让美洲主要大国组成的会议而非得由美国自己做出决定不可呢？如果事实证明确实需要派武装部队去中美洲平定当地合法政府无法镇压的叛乱，为什么不让它们不仅征募美国的海军陆战队，也应征募阿根廷、巴西和智利的海军陆战队呢？②

显然，这种意见的实质是要把门罗主义由美国单边定义和执行的国家性霸权政策转变成多边、合作性的国际霸权

---

①　Hiram Bingham, "The Monroe Doctrine: an Obsolete Shibboleth," pp. 733—734.

②　Hiram Bingham, "The Monroe Doctrine: an Obsolete Shibboleth," pp. 733—734.

政策。

吊诡的是,就在此时,面对自由主义—民主派人士要求摒弃门罗主义的呼吁,现实主义—保守派阵营本能的反应却是竭力为门罗主义辩护和正名。

在 1914 年 4 月举行的美洲国际法学会第八届年会上,美洲国际法学会主席、前国务卿伊莱休·鲁特通过发表以《真正的门罗主义》为主题的开幕演讲对此作出了最"权威"的回应。①

他首先承认:

> 过去几年,关于门罗主义是什么、要求什么、证明什么、其范围和限制的错误观念已渗透进媒体,影响了公众舆论。②

然而,归根到底,

> 门罗主义……仅仅基于自我保护权利——这是国际法所公认的。③

问题在于,何种情形下可认定国家面临紧迫现实威胁,因

---

① 此文之后相继发表在《美洲国际法学会年会论文集(1907—1917 年)》《美洲国际法期刊》及《北美评论》等刊物上。

② Elihu Root, "The Real Monroe Doctrine", *The American Journal of International Law*, Vol. 8, No. 3 (Jul., 1914), p. 432.

③ Elihu Root, "The Real Monroe Doctrine", p. 432.

而自动激发"自我保护权利"的行使,本质上仍依赖于"每个国家独立判断"。更重要的是,"自我保护权利"的行使有可能超越美国本身的领土疆界范围——

　　权利是独立主权的必然推论。人们清楚地认识到,行使自我保护权利的效力可能经常超出行使自我保护权利的国家领土范围……每个国家都有权通过防止出现无法自保的局面来保卫自己。当然,每个国家都须自行判断威胁行为何时会导致这种情况的发生。①

因此,在这样的意义上,门罗主义不可能有任何改变:

　　经常听到门罗主义被改变或扩大的说法——据称门罗时代以来出现了新的学说。这是错误的。没有任何变化……国务卿甚至总统所言说或书写的每一事项都不会构成、扩大、改变或削弱(关于门罗主义的)国家政策。②

针对有人将门罗主义"多边化"或转化为"国际政策"的提议,他更是明确反对——

---

① Elihu Root, "The Real Monroe Doctrine", p. 432.
② Elihu Root, "The Real Monroe Doctrine", p. 433.

门罗主义是建立在美国自我保护权利基础上的宣言,它不可能被任何美洲国家转变成一个联合或共同宣言。①

1914 年 4 月,在美国政治和社会科学学会主办的会议上,外交官帕克斯顿·西本也认为,基于国家利益考量,美国绝不会与任何美洲国家分享门罗主义的责任和特权,并连带驳斥了"ABC 国家"想要维护门罗主义的观点:

在我看来,门罗主义并不是,也不应是泛美政策的一项基本原则,更不是将我们同南方姐妹共和国联系在一起的纽带。90 年来,它一直意味着特权,在其保护下,我们相对自由,免受欧洲对这个半球侵略的威胁……但特权和责任是美国的,且只属于美国。我们不会(与他国)分享。坦率说,南美洲的三个伟大共和国没有一个乐意与我们分享它。那些声称阿根廷、巴西和智利或许还有乌拉圭,热切甚至愿意以比友好国家更密切的纽带同我们团结在一起的人,在他们的想象中搭建了一个诱人的虚景,(但)我相信他们永远实现不了。②

---

① Elihu Root, "The Real Monroe Doctrine", p. 440.

② Paxton Hibben, "The South American View As to the Monroe Doctrine", *The Annals of the American Academy of Political and Social Science*, *Vol. 54*, *International Relations of the United States*(Jul., 1914), p. 63.

(二)"门罗主义世界化":灵肉分离?

随着 1914 年夏天第一次世界大战在欧洲爆发,特别是 1917 年初美国正式对德宣战之后,关于"门罗主义"的辩论进入了最激烈、最触及灵魂和要害的阶段——核心是舆论是否支持和认可威尔逊总统为战后美国赋予的全新角色及其隐含的美国—欧洲—世界政治关系宏大愿景。

总体上,从欧战爆发至参战之前,美国的知识和舆论界对门罗主义的讨论大致包含两个方面。一是门罗主义被广泛认为使国家免于冲突:当遥远的战争开始撕裂欧洲时,门罗主义象征着美国人最初感到的宽慰和自豪。譬如,1914 年 8 月 6 日的《纽约论坛报》发表了一篇社论,讲述美国如何受惠于这一学说,即"新世界几乎完全脱离旧世界有害的暴政和敌对"所带来的宝贵中立。《纽约论坛报》对最近支持"以深思熟虑的智慧而闻名的人"放弃门罗主义的争论予以了冷落,认为在战争结束前门罗主义"将拥有比以往任何时候更多的朋友"。二是对主张海军扩张的人来说,德国的"威胁"证实了他们之前存在的担忧,即美国需要更强大的海军来保卫门罗主义。[1]

1917 年 1 月 22 日,威尔逊总统在对参议院的讲话中提议:

---

① 参见 New York Tribune, August 6, 1914, 8;Albert Bushnell Hart, "Naval Defense of the Monroe Doctrine," Addresses Before the Eighth Annual Convention of the Navy League of the United States, Washington, DC, April 10—13, 1916, Navy Printing Co., 1916, pp. 24—36。

各国应一致地接受门罗总统的原则作为世界的原则:任何国家都不应寻求将自己的政体强加到其他的国家或人民之上,每个民族都应自由决定自己的政体,自己的发展方式,不受阻碍,不受威胁,不受恐吓,无论强弱,均应一视同仁……①

对于威尔逊将"门罗主义"说成一种"世界政策",公众舆论的最初反应是有些错愕;但在国家介入战争的总体氛围下,几乎没有人公开质疑。此外,由于总统将门罗主义重新解释成国际组织的推动者,因此,这种新的解释在以前总统塔夫脱为首的"实现和平联盟"(League to Enforce Peace)等国际主义社团及学术界中均不乏支持者。②

1917年5月,明尼苏达大学教授卡尔·贝克在《明尼苏达历史公报》上撰文为威尔逊对门罗主义的新解释进行辩护。他承认,门罗主义曾具有"新大陆光辉孤立"的含义,因而总统的话语表面上看起来是对美国传统政策的背离和放弃:

美国在欧洲发动战争意味着对传统政策的急剧逆

---

① Arthur S. Link and William M. Leary, Jr. (ed.), *The Diplomacy of World Power*: *the United States*, *1889—1920*, St. Martin's Press, 1970, p. 138.

② 关于实现和平联盟主要成员对威尔逊重新解释"门罗主义"的反应,参见 Abbot Lawrence Lowell, "The League to Enforce Peace," *North American Review*, 205, no. 734 (1917), pp. 29—30; Hamilton Holt, "The League to Enforce Peace", *Proceedings of the Academy of Political Science in the City of New York*, 7, no. 2 (1917), pp. 68—69。

转,也意味着对通常被称为门罗主义的长期确立行动原则的彻底放弃。虽然有些人心甘情愿地接受这种不得已的放弃,但大多数人无疑会遗憾地接受,认为它是两害相权取其轻。或许多数人并不清楚威尔逊总统的声明是什么意思——介入战争并非真的放弃,而是扩大门罗主义。头脑冷静的公民会说,"这是威尔逊先生的一句妙语,是他理想主义的一种表达"……

表面上,门罗主义似乎意味着,由于美国在地理上是孤立和僻远的,在政治上也将同样如此……我们只关心自己的事情,并恭敬地请求欧洲管好她的事情。同小杰克·霍纳一样:由于自身努力和上帝眷顾,我们得到了一个美味馅饼,只需坐在角落里吃掉它……现在,威尔逊先生……要求我们从自己的角落里走出来。①

不过,在贝克看来,正如总统所说的那样,对门罗主义历史起源的深度思考表明,美国站在英法一边对抗德国确实并非背弃门罗主义,反倒是对它的发扬光大:

我们拥护门罗主义的动机可能受到比小杰克·霍纳的动机更值得尊崇的事物的启发……对门罗主义产生环境的思考表明:它是美国精神的表达,一种对美国和世界

---

① Carl Becker, "The Monroe Doctrine and the War", *Minnesota History Bulletin*, Vol. 2, No. 2 (May, 1917), pp. 61—62.

来说比任何地理或政治孤立更重要的东西……其原则是
所有人都有平等的生命、自由和追求幸福的权利……门
罗主义表达了美国人根深蒂固的本能:对自由政府和民
主社会制度的依恋……①

哈佛大学教授乔治·威尔逊引述了总统 1 月 22 日的讲
话,其中提到他"相信我说的是美国人民希望我说的话……
我相信自己是在为世界各地沉默的人类大众说话"。接下
去,依据总统关于"各国应一致地接受门罗总统的原则作为
世界的原则",可以推断,"美国最近宣布它,显然是为了战后
扩大门罗主义的范围和运作"——

美国过去是门罗主义的支持者,战后当然也是。可以
合理推测,总统在 1917 年 1 月 22 日的讲话中谈到美国政
府对该学说可能的态度。因此门罗主义的原则将被纳入美
国解决世界问题的构想中。新形式的学说将不再局限于美
洲,而是以世界为基础。倘若它仅仅意味着每个国家都有
不受阻碍的发展机会,那么这样的理想就不会遭到反对。②

考虑到在威尔逊政府国务卿威廉·布莱恩主持下谈判缔

① Carl Becker, "The Monroe Doctrine and the War", pp. 62—68.
② George G. Wilson, "The Monroe Doctrine after the War", *Proceedings of the Academy of Political Science in the City of New York*, *Vol. 7*, *No. 2*, *The Foreign Relations of the United States*: *Part I* (Jul., 1917), p. 298.

结的一系列双边"冷静条约"条款建立的委员会,其性质应被
看成国际的而非仅局限于美国或美洲(American),①那么,这
意味着:

> 对门罗主义的解释,美国不再像过去那样是唯一的
> 垄断者;因为根据条约,政府已同意将争端提交委员会审
> 查——即便是与门罗主义有关的分歧。实际上,根据这
> 些条约,任何性质的争端都应提交委员会处理……假如
> 对世界上的一半国家来说,门罗主义受到了国际判断标
> 准的制约,那么它纯粹国家(national)及亚美利加(Amer-
> ican)的性质可以说已被抛弃了。对美国而言,下一个步
> 骤——全人类承认门罗主义依据的一般原则同样适用于
> 世界政策——并不遥远。②

---

　　①　"布莱恩条约"是美国在第一次世界大战前不久及在大战爆发
后为解决不能通过仲裁或外交途径解决的争端而与其他国家缔结的一
系列双边条约的总称。这些条约有以下共同特点:各缔约国同意将一切
为外交方法所不能调整的争端提交给一个常设的国际委员会,由国际委
员会进行调查和提出报告,在委员会提出报告前,之前有争端的双方不
得开始敌对行为。

　　②　George G. Wilson, "The Monroe Doctrine after the War", *Proceed-*
ings of the Academy of Political Science in the City of New York, *Vol. 7, No. 2,*
The Foreign Relations of the United States: *Part I* (Jul., 1917), pp. 298—
299. 在另一本稍早前的小册子中,威尔逊教授就此论证说:"如果在有争
议时,美国所适用的门罗主义不是一项美国愿意等待听证、审议和建议
的政策,那么美国在签署这些最近的条约时就没有本着善意行事;换言
之,如果门罗主义所体现的美国政策无法经受调查和质疑的考验,那么
现在就是美国思考为什么应该继续支持它的时候了。"参见 George
G. Wilson, "*The Monroe Doctrine and the Program of the League to Enforce*
Peace", World Peace Foundation, 1916, p. 10。

更进一步,他甚至从总统讲话——其利用了门罗主义中固有的"自决"概念——推导出"贯通古今"且"合乎逻辑"的结论:

> 某种意义上,门罗主义在 1823 年的目标是让西半球的"民主变得安全"。1917 年 4 月 2 日,总统的战争咨文说:"世界必须为了民主变得安全。"依据这个宽泛的概念,美国因此可以说是在为全世界争取门罗主义。①

与此同时,约翰斯·霍普金斯大学教授约翰·拉坦尼在《美国政治与社会科学学会年鉴》撰文指出,新大陆在过去一个世纪里之所以相对和平,是由于美国的外交政策受到了门罗主义和政治孤立两大原则的指引。因此,断言未来的和平取决于全世界对门罗主义和孤立政策这两项美国原则的接受,完全合情合理。②

> 迄今为止,为避免放弃门罗主义和不结盟的历史政策,威尔逊总统在 1917 年 1 月 22 日对参议院的讲话中提议这两项美国政策应当国际化,并在世界范围内适用。总统在此阐明了未来世界和平必须依靠的两项原则……他给它穿上了美国服饰,以免给人留下与过去传统决裂的印象……由于过去 20 年的变化,我相信要么放弃门罗

---

① George G. Wilson, "The Monroe Doctrine after the War", p. 300.
② 需要指出,拉坦尼教授与威尔逊总统的想法可谓殊途同归、不谋而合——"门罗主义世界化"与坚持孤立主义政策非但没有矛盾,反倒可以并行不悖,甚至相得益彰。

主义……要么通过某种形式的世界联盟来扩大它的时刻已经来临……提倡严格遵循国父们的传统没有用。旧秩序已经消逝,尽管国会大厅里的一些代表们不愿承认现实。美国已致力于世界范围的民主和国际主义……①

然而,必须指出,并非所有人都赞同总统对门罗主义的新解释及其隐含的革命性意涵。例如,国会议员哈罗德·克努森宣称:战争是一条通往"纠缠不清联盟(entangling alliances)的道路,在未来某一天可能损害门罗主义,并使我们卷入另一场大屠杀,就像他们今天在波兰和弗兰德斯发生的那样"。②

塔夫脱政府前司法部部长、律师乔治·威克山姆更是"直截了当"地提出:

我强烈反对美国成为维持和平联盟或任何其他形式永久国际联盟的参与者。在我看来,华盛顿的忠告在今天和在 1796 年一样明智……在一千多年里,人们试图通过契约、联盟和条约确保世界的持续和平。在人类漫长

①　John H. Latané, "The Monroe Doctrine and the American Policy of Isolation in Relation to a Just and Durable Peace", *The Annals of the American Academy of Political and Social Science*, Vol. 72, *America's Relation to the World Conflict and to the Coming Peace* (Jul., 1917), pp. 101—108.

②　U. S. Congress. House. "Two Wrongs Do Not Make a Right", 65th Congress, 1st Session, *Appendix to the Congressional Record*, April 5, 1917, pp. 22—23; U. S. Congress. House. "War With Germany", 65th Congress", 1st Session, *Appendix to the Congressional Record*, April 5, 1917, p. 57 and p. 73.

的冲突历史中,所有这些都不过是短暂的喘息。要么冲突,要么一致的利益和野心比书面协定更强大。①

不仅如此,他还驳斥了那种认为布莱恩式的"冷静条约"将对"门罗主义世界化"产生有益影响的观点——

> "布莱恩条约"对美国国家政策——门罗主义——的影响,是需要认真考虑的问题……作为一项保护国家利益的政策,我们已经宣布,应当把任何欧洲国家将其政治体制延伸到西半球的努力视为一种故意不友好的行为。假如愿意,我们可以保持这一立场。没有任何国家能替我们决定美国是否应当这样做。②

如果说,在战时的大环境以及总统理想主义外交言辞鼓动下,对威尔逊"门罗主义世界化"宏伟愿景的质疑和反对尚能暂时受到抑制;③那么,当战争甫一结束,特别是巴黎和会

---

① George W. Wickersham, "Our Compulsory Arbitration Treaties Should Be Amended", *The Annals of the American Academy of Political and Social Science*, Vol. 72, *America's Relation to the World Conflict and to the Coming Peace* (Jul., 1917), p. 200.

② George W. Wickersham, "Our Compulsory Arbitration Treaties Should Be Amended", pp. 206—207.

③ 以国会参众两院为例,在 1917 年作出重大决定之前的辩论中,只偶尔有人提到门罗主义的问题。在宣战后的几个月里,举国上下都致力于赢得战争,几乎没有人关注这场斗争更广泛的影响。只是随着停战的到来,人们才又提出了问题:和平联盟的想法是否符合 1823 年的学说? 参见 Dexter Perkins, *Hands off: A History of the Monroe Doctrine*, Little, Brown and Company, 1945, pp. 286—287。

上威尔逊建立以国际联盟为核心的世界新秩序愿景逐渐变清晰,各种不同声音便开始增多,音量分贝也升高起来。一时间,围绕美国加入国联的问题,政客和学者发表演讲且撰写了大量关于门罗主义与国际组织的文章,期刊报纸和杂志充斥着有关门罗主义和国际联盟的激烈争论,并最终演变成条约斗争的核心问题之一。①

1919 年 6 月,针对总统在巴黎和会上提出《国联盟约》(以下简称"《盟约》")草案,特别是门罗主义被《盟约》第 21 条界定为"地区谅解",伊莱休·鲁特在写给洛奇参议员的一封信中评论指出:

> 添加的门罗主义条款在描述上是错误的,意义上是模糊的……条约中任何内容都不得被解释为美国放弃对纯亚美利加问题(American questions)的传统态度,或要求她把纯亚美利加问题的政策提交其他大国决定或建议……我觉察到在欧洲有这样一种印象的证据——我们的代表在巴黎介入欧洲的问题和争议意味着美国放弃了传统政策,并希望对欧洲国家发号施令,控制欧洲事务,从而承担起这些事务的责任。这种印象应当消除,它毫无根据。我确信美国人

① 例如,1919 年 10 月,威尔逊的政治对手、参议院对外关系委员会主席亨利·卡博特·洛奇声称:"除非门罗主义绝对不受国联管辖,否则条约(《凡尔赛和约》)永远不会被批准。"次年 2 月,他又宣布"永远不会同意对门罗主义和(国联盟约)第 10 条的两个保留条款进行任何实质性的修改。"参见 *Congressional Record*, 66th cong., 1st sess., 1919, p. 6266; 66th cong., 2nd sess., 1920, p. 3238。

民没有这样的意图或愿望。我们的代表对欧洲事务的干预,实际上只是参战的一个临时性事件……应明确宣示美国不对欧洲事务承担责任,也不打算干预欧洲事务。①

亨利·卡伯特·洛奇也反对威尔逊试图将门罗主义全球化:"门罗主义是华盛顿的中立政策和他反对永久联盟禁令的必然推论。它重申和再次确认这一原则。我们不寻求干涉欧洲事务,把欧洲排除在美洲之外。让美国置身于欧洲事务之外,与欧洲置身于美洲大陆之外同等重要。让我们完整地维护门罗主义,而不仅是维护自己的安全;但只有这样才能最好地促进世界的真正和平。"②

前助理国务卿、外交官大卫·希尔在对威尔逊主持起草的《国联盟约》第 10 条(被公认是"盟约的核心")的起源和发展过程进行追溯后,也最终认定威尔逊之所以大力推动该条款通过,真实目的是"旨在废除门罗主义,并以一种基于大国建立超级政府理念的国际主义形式取代它"。③ 而这无异于对作为"国家政策"之门罗主义的"背叛":

---

① Elihu Root, "Letter of the Honorable Elihu Root to Senator Henry Cabot Lodge Regarding the Covenant of the League of Nations", *The American Journal of International Law*, Vol. 13, No. 3 (Jul., 1919), pp. 597—601.

② Lodge's speech in the Senate against the League of Nations, August 12, 1919, *Congressional Record*, 66th Congress, 1st Sess., pp. 3779—84. 转引自 Norman A. Graebner (ed.), *Ideas and Diplomacy: Readings in the Intellectual Tradition of American Foreign Policy*, New York, Oxford University Press, 1964, p. 468。

③ David Jayne Hill, "The Betrayal of the Monroe Doctrine", *The North American Review*, Vol. 212, No. 780 (Nov., 1920), p. 578.

门罗主义(历来)被认为是一种自我保护政策,不提供任何保证(guarantee),旨在让亚美利加置身于欧洲纷争之外,(同时)让欧洲置身于亚美利加的事务之外。与此相反,(《盟约》)第 10 条是一份(旨在)保护每一方,保障联盟所有成员,插手欧洲、亚洲和非洲的边界争端,招致欧洲干预亚美利加事务(American affairs)的契约。一种是国家的政策,另一种是国际契约。①

针对总统关于门罗主义是一种"普遍性学说"以及"门罗主义"难以精确定义的说辞,②希尔反驳道:

威尔逊不需要给门罗主义下定义,门罗主义不像他认为的那样模糊。他只需要尊重它最初表达的、迄今仍未改变的条款——也就是说,"在涉及欧洲列强自身的

---

① David Jayne Hill, "The Betrayal of the Monroe Doctrine", p. 591.
② 1919 年 9 月,威尔逊总统在苏福尔斯(Sioux Falls)和波特兰市先后发表演讲,为《国联盟约》第 10 条的合理性以及该条款与门罗主义的关系进行辩护,他说:"我曾听先生们说,'美国能照顾好自己'。是的,她能照顾好自己——每个人都得训练成战士。我们必须有一支强大的常备军……如果不是形式上的军政府,至少是精神上的军政府。"又说:"事实上,《盟约》为全世界确立了门罗主义……由于门罗主义已成为一种普遍学说,我认为没必要特别提到它。"在斯波坎的演讲中又申辩说,"我在巴黎的时候确实尝试过定义门罗主义并将其写入文件中,但我可以保证,当我试图定义它时,我发现它不可能被分析,你(唯一)能说的是,这是一项关于外国势力干涉西半球政治的原则,美国认为在任何相关情况下,都可以自由应用这一原则。"参见 David Jayne Hill, "The Betrayal of the Monroe Doctrine", *The North American Review*, Vol. 212, No. 780 (Nov., 1920), p. 590。

问题上卷入战争不符合我们的政策""我们只能把对亚美利加事务的任何干涉视为对合众国不友好态度的表现"。门罗主义的这些重要因素被第10条和11条完全废除了,因为它明确将美国卷入欧洲战争,并邀请欧洲列强干涉亚美利加(美洲)事务。①

希尔很清楚,总统及其心腹豪斯上校因迫于国内政治压力不得不在《国联盟约》中违心地添加关于门罗主义的第21条,充其量只是拙劣的障眼法,因而根本不值一驳:

> 第21条,威尔逊先生倾其一生的最大努力,"写进了这个文件",并没有使第10条和11条无效。《盟约》的法语文本明确印证了这一点:门罗主义只是作为一种"国际约定"(international engagement)才在条约中得到承认……第21条明确指出:"本《盟约》的任何内容均不得被视为影响国际约定的效力,例如仲裁条约或门罗主义等为确保维持和平而作出的地区谅解。"
>
> "最主要的是,"豪斯上校说,"使用'Monroe Doctrine'两个词,其余的会自行解决"……4月11日……"主要的事情"已解决,"两个词"已被"使用"了!但"两个词"在这里是什么意思呢?根据这个公式,门罗主义不再只是美

---

① David Jayne Hill, "The Betrayal of the Monroe Doctrine", pp. 591—592.

国的自我保护政策,而是一种"国际约定"。这是谁与谁的约定? 它约定了什么? 如果威尔逊总统不能给它下定义,外国列强又凭借什么才能理解它? 这里有充足的理由进行无限争论。在理事会面前——如果不是国联本身——由谁来解决美国作为被告的问题呢? 但是,根据第 21 条,门罗主义不仅是一种"国际约定",它(更)是一种"地区谅解"(understanding)。这是针对谁的谅解? 所有的秘密条约都是"地区谅解",目的是确保在"势力范围"存在争议的领土上维持竞争对手之间的和平。

门罗主义不是这样的。这是它的文本和历史所显示的——美国历史悠久的自我保护政策。放弃该政策并接受第 10 条取代它,意味着美国已决定放弃独立自主(self-dependence),并以散布在世界各地、具有不同文化和效率的大国集团的承诺寻求保护。美国作为这些国家的保护者,不仅要在道义上遏止国联成员彼此侵略,而且要抵御非国联成员且不受任何国联条款约束的强大国家。①

三、余论:作为意义解释框架的门罗主义

1919 年 7 月 10 日,威尔逊总统向参议院提交《凡尔赛和约》时说道:

---

① David Jayne Hill, "The Betrayal of the Monroe Doctrine", pp. 592—593.

我们成为世界强国已毫无疑义。唯一的疑问是我们是否拒绝世界提供给我们的道德领导,我们是接受还是拒绝世界(对我们)的信任和托付……舞台已搭建,命运已显露。此事的成就,并不是出于我们所怀的意图,乃是借着引导我们走这条路的神的手。我们不能退缩。我们只能昂首阔步,精神抖擞,追随愿景向前走。这正是我们出生时所怀的梦想。美国将为世人指明道路。①

然而,当时,不论在国会还是公众层面,威尔逊构想的国际主义愿景都缺乏足够的支持者,更遑论最终成为现实。

这是由于,一方面,在美国高层政治领导力量中,作为与威尔逊的自由国际主义相竞争的思潮,权力国际主义与法律国际主义仍然有巨大影响。有关这一点的突出表现是:威尔逊与洛奇各自心目中的"**League**"(联盟)在地理范围、运作模式及本质属性等方面均大异其趣、相差甚远。

简单地说就是:在国际联盟问题上,与威尔逊总统坚持必须要有普遍和彻底的解决方案不同,洛奇参议员更倾向于建立一个有限的、非强制因而可以作为政治上不可行的威尔逊式联盟替代品的折中型联盟(League)——该联盟既可以获得与协约国密切联系的好处,牵制德国,同时,又不损害外交事

---

① Woodrow Wilson, "Address of the President of the United States to the Senate of the United States", July 10, 1919, Washington, 1919, pp. 12—13.

务中的"亚美利加特性"(American character)。①

例如,洛奇曾在一封书信中建议"缔造两个联盟的可能性,一个在欧洲,另一个在美洲——根据门罗主义由美国控制。如果需要,两个联盟可以合作"。② 总之,他希望美国在外交事务中能保持一种"亚美利加特性",一种只能在区别于欧洲的基础上存在的特性。③

另一方面,孤立主义作为一种历来指向"旧世界"欧洲的情绪,在美国精英和公众的认知中依旧根深蒂固。毕竟,就连洛奇——他很难称得上是极端守旧的"孤立主义者"——也说:

> 就欧洲事务而言,你们(指欧洲国家——笔者注)是决定者。这些问题你们自己解决即可,我们会支持你们。当然,在问题涉及亚洲和非洲时,我们希望能有发言权;但是,我们要求在自己的半球自行其是。④

---

① William C. Widenor, *Henry Cabot Lodge and the Search for an American Foreign Policy*, pp. 317—318.

② Lodge to John Jay Chapman, March 7, 1919, Lodge MSS. 转引自 William C. Widenor, *Henry Cabot Lodge and the Search for an American Foreign Policy* (Berkeley: University of California Press, 1980), pp. 316—317。

③ William C. Widenor, *Henry Cabot Lodge and the Search for an American Foreign Policy*, p. 317.

④ Lodge to Lord Charnwood, July 2, 1919, Lodge MSS. 转引自 William C. Widenor, *Henry Cabot Lodge and the Search for an American Foreign Policy*, p. 326。

在 1920 年 3 月 3 日的国会辩论中,威廉·博拉参议员更是直白地指出:

> 欧洲仍然是欧洲——伴随她所有的种族不相容和帝国主义欲望……她是不会改变的。如果我们承担起实施变革的任务,而不是像过去那样依靠训诫和榜样所能发挥的一切力量,则要么我们的文明标准和观念会变得欧洲化,要么我们会分崩离析,共和国也会消亡。①

说到底,洛奇等国联计划的反对者将"门罗主义"理解为一项具体的国家政策(其中包含两个半球划分的空间—地理预设),威尔逊却将其理解为一种以**个体主权**为核心的自由主义世界秩序。② 因此,就门罗主义的争议而言,威尔逊失败的根本原因还在于未能将他的学说置于一个**有意义的**地理框架内并令人信服地将其与美国的安全联系起来。

这是由于,从长时段视角看,作为崛起于西半球的新兴强国,19 世纪后期至 20 世纪上半叶的美国始终是大西洋共同体理念的忠实倡导者,该理念旨在将美国框定为一个包括北美和西欧的跨大西洋地理空间的领导者,其拥有共同的政治

---

① *Congressional Record*, 66th cong., 2nd sess, March, 3, 1920, p. 3803.

② 关于威尔逊构想的以个体主权为核心的自由主义世界秩序及其对传统领土性主权国家间秩序的颠覆性意涵,可参考 Leonard V. Smith, "The Wilsonian Challenge to International Law", *Journal of the History of International Law*, 13 (2011)。

经济原则和制度(自由民主、个人权利和法治、自由贸易等)、文化传统(基督教和西方文明的遗产)及现实的国家利益。

但是,由于这种理念的政策推论是要在美国和欧洲之间建立起某种制度化的政治—军事联系(更直白的表述是"纠缠不清的同盟");因此,对普通美国人而言,他们必须确信,这种纠缠不清的同盟关系不仅是可取的,而且是必要的。

此外,建构大西洋共同体的目的也是防止欧洲国家或任何战后欧洲的政治结构奉行敌视美国利益的政策或以敌视美国利益的身份出现。

不过,最重要的是,对1919年前后的美国社会而言,将战时的军事联盟转变成宽泛的文化"共同体"(community)本质上是一个解释性项目,其必然需要对美国和欧洲之间近代以来的军事、政治、经济和文化联系进行重大的重新解释。很显然,在美利坚民族的心理层面,这种"共同体"成立的主客观条件在当时尚未真正具备。①

总之,表面上看,《国联盟约》第10条才是斗争的焦点。然而,归根结底,国联大辩论真正反映出来的是当美国崛起为世界大国之后,美国社会内部在对待美国与外部世界的关系、美国的世界角色与国家身份等方面的不同思考和巨大分歧。② 而这恰恰与门罗主义的观念/意识形态结构密切相关。

---

① 更具体的讨论,可参见 Marco Mariano, ed., *Defining the Atlantic Community: Culture, Intellectuals, and Policies in the Mid-Twentieth Century*, Routledge, 2010。

② 王立新:《踌躇的霸权:美国崛起后的身份困惑与秩序追求(1913—1945)》,第67页。

对威尔逊来说,贯彻"门罗主义"全球化愿景的必然推论或逻辑后果是:只有当门罗主义的地理前提和势力范围因素被整体消除,以及具体的(主权)国家与(西)半球的空间—地理等单边和孤立主义意涵被彻底剥离之后,才有可能将其转化为一项抽象的、理念—身份政治,甚至十字军式的"世界政策"。

很显然,在当时,无论总统在参议院的政治对手还是普通民众,对此都完全无法理解和接受。

正是在这样的意义上,历史学家弗兰克·宁科维奇才会评论说:"威尔逊计划的标志性主题,即他对国际联盟的推动,是历史的死胡同,是美国对国际关系思考的一个分支的实际终点,而不是一个特别的美国分支。"①

---

① Frank Ninkovich, *The Global Republic:America's Inadvertent Rise to World Power*, The University of Chicago Press, 2014, p. 8.

结语　美国"世界政策"的两次奠基

　　以今日后见之明的眼光来看,1823 年的《门罗宣言》实际上是美利坚帝国颁布的第一份"世界政策"宣言书。只不过在那时,它的力量还比较弱小,因而对外不得不取防御和现实主义姿态,将其所在的西半球"大空间"划为不容域外大国(甚至包括大英帝国在内——这是国务卿约翰·昆西·亚当斯反对与大英帝国联合发表《宣言》的重要战略考量)干涉和染指,同时又接受一整套美利坚(American)政治原则照射的地理区域。不过,需要看到,尽管《门罗宣言》在空间和地理维度上对 America(亚美利加)进行了定位和限定,但在理念和规范性维度——"自由和独立状态"(不殖民—自决)——上,America 这个词一开始便具有普世扩张性的概念潜力。

　　而在"不殖民(自决)""我们和他者(认同)""武力作为防御机制(自卫)"等意识形态规范—律令的三维矩阵中,"不殖民(自决)"的政治规范无疑更具有本体性地位。非但如此,鉴于英国等欧洲列强在当时广泛推行的殖民地排他性贸易垄断制度,"不殖民(自决)"原则实际上还有国际经济新秩序方面的意涵,甚至构成了"门户开放"政策的早期(半球)形态。

譬如,国务卿约翰·昆西·亚当斯在1822年提出:"整个现代殖民制度是对政府统治的滥用,(如今)是到该终结的时候了。"美国政府反对欧洲列强未来殖民的基础是——正如亚当斯后来在担任总统时所说:"除现有的欧洲殖民地(美国无意干涉这些殖民地)之外,美洲大陆由若干主权独立的国家组成,其领土覆盖了整个大陆的表面。根据这一独立条件,美国享有与这些国家商业往来的权利。试图在这些土地上重建殖民地,将意味着在排除他人的情况下,剥夺所有人一致拥有的商业往来(权利)。"①总之,在他看来,殖民主义不仅让人联想到政治上的从属地位,还与商业垄断以及美国被排除在新世界市场之外等事物联系在一起。

在《门罗宣言》公开发表近一百年后,1917年1月22日威尔逊总统对参议院发表《没有胜利的和平》演说,1918年1月8日对国会"十四点计划"演说,及1919年7月10日提请参议院批准《凡尔赛和约》的讲话,既标志着威尔逊主义的核

---

① Dexter Perkins, *Hands off: A History of the Monroe Doctrine*, Little, Brown and Company, (Boston) 1945, c1941, p. 30; Charles E. Hughes, "Observations on the Monroe Doctrine: An Address by Hon., Secretary of State of the United States: Delivered Before the American Bar Association at Minneapolis, Minnesota, August 30, 1923," *Advocate of Peace Through Justice*, Vol. 85, No. 12, 1923, pp. 413—414.

心思想已基本定型,也是美国羽翼渐丰以后昭告天下的又一份"世界政策"宣言书。

这是由于,"一战"后威尔逊着力构建的以国际联盟为核心的新型国际关系体系,本质上是一个最大程度保证"国际价值物分配"有利于美国的国际关系体系:一方面,在美国的经济强势面前,自由贸易或门户开放将使美国获取更广阔的市场;另一方面,自由、平等、民主等政治原则的确立,将使美国获得国际道义的力量。① 尽管威尔逊的和平计划在当时的国内政治竞争中处于劣势,然而,真正奠定了 20 世纪以来美国对外关系思想底色的仍然是威尔逊,而不是西奥多·罗斯福或其他任何人。

说到底,正是由于威尔逊的思想内在蕴含着以 America 为核心的普遍主义和绝对主义要素——而它在观念的谱系上又与 1823 年"门罗宣言"一脉相承,由此便使得唯有威尔逊主义才真正掌握住了美国外交动机的主要脉络,且最深刻地表达了美国海洋性自由主义政治体统治世界——"美利坚治下的和平"(Pax Americana)——的政治哲学基础。②

_____

①　刘传春:《从反帝国主义到自由国际主义:1898—1918 年美国民主党的外交思想》,《武汉大学学报(哲学社会科学版)》,2005 年第 58 卷第 5 期,第 706 页。

②　关于威尔逊主义在美国对外关系乃至国际关系(思想)史上的革命性意涵,一项充满深刻洞见的研究参见 Leonard V. Smith,"The Wilsonian Challenge to International Law",*Journal of the History of International Law*,13(2011)。关于威尔逊主义特别是他的国联构想作为自由主义海洋性霸权统治世界的政治哲学基础,参考郭小雨:《美国形象的世界投影:威尔逊"国联"中美利坚内外秩序的同构》,载《"联合"秩序的建立与演变:从大不列颠到美利坚》,北京:商务印书馆,2021 年,第 199—246 页。

正是在这样的意义上,尽管威尔逊"在围绕国联的战斗中失败了,但他却在更长远的、最后界定 20 世纪本质的斗争中最终获得了胜利"。① 确实,在"一战"期间及战后美利坚帝国首度"君临天下"的历史性时刻,"威尔逊主义"的提出标志着"一个新时代的开始",正是他开创了美国的"世界性对外政策"。② 可以说,威尔逊主义不仅主宰了 20 世纪的美国外交理念和实践,他本人在对外关系方面的探索也构成了第二次"美国世界政策的奠基"。③ 不过,在伍德罗·威尔逊的背后,詹姆斯·门罗的魅影仍依稀可见——毕竟,他们本质上都是在以 America 为中心和原点面向普罗大众进行(具有普世意涵的)政治言说。

---

① N. Gordon Levin, *Woodrow Wilson and World Politics : America's Response to War and Revolution*, New York: Oxford University Press, 1968, p. 260.

② 俞沂暄:《国家特性与世界秩序:国际政治变迁的研究》,北京:时事出版社,2009 年,第 28、131 页。

③ 任李明:《威尔逊主义研究》,北京:中国社会科学出版社,2013年,第 5 页;俞沂暄:《国家特性与世界秩序:国际政治变迁的研究》,第 131 页。

詹姆斯·门罗总统致国会的咨文

（1823 年 12 月 2 日）

参议院和众议院的先生们：

[1] 本届会议期间，您将关注到许多重要问题。为协助您的审议，我在咨文中将尽量提供对这些问题的公正看法。鉴于我要处理的事务在范围上十分广泛，以及它们对联邦各部分的重要性，我满怀信心地履行职务。我热切地撰写此文，是因为我深信，自从革命时代以来，政府职员从未有一个时期像今天这样，需要比以往任何时候都更全身心地投入到各自的职责中去，而我们的选民也更需要崇尚美德、爱国主义与团结。

[2] 在新一届国会召开之际，我认为有必要更具体地强调这种公共事务观念。然而，我怀着特殊的满足感来做这件事，因为我知道，在这方面，我将更加充分地遵循我们政府的健全原则。与我们同在的人民是唯一的主权者，因此必须为他们提供重大问题的具体细节，从而使他们能够完全有效地

行使最高权力。倘若被蒙在鼓里,他们自然无法胜任。我们都容易犯错误。相比广大选民,参与公共事务管理的人更容易受到特定利益和情感的影响。我们的选民居家追求日常生活,虽然平静,却对(公共)事件及其参与者的行为怀有浓厚兴趣。政府的每个部门及成员均须对人民负责。人民掌握的情况越全面,就越能判断所推行的政策是否明智,以及它们的执行是否妥当。从人民冷静而理性的判断中,我们总能获得宝贵教益。人民的赞许是对良行善举的激励与回报,对批评和指责的不安则是防止滥用职权的最佳保障。在一切重大问题上,人们具有相同关切。随着对公共事务的真实状况认识程度加深——尤其是在艰难时刻,情感与利益的纽带将更加牢固。正是经由此种认识,地域偏见与猜忌被克服,培育和保护联邦一切重大利益的国家政策才可能形成并坚定不移地得到贯彻执行。

[3] 对于我们与外国列强之间的关系及与个别国家谈判交涉情况的准确了解,是尤为必要的。同样重要的是我们应公正评估自己的资源、岁入及有关国家繁荣和国防事业进展的情况。只有公平对待他人,才能期望别人同样公正地对待自己。只有具备制止侵害及纠正恶行的能力,才可能避免受到伤害。

[4] 根据《根特条约》第五条,由于委员们对美国与大不列颠的领土边界划定意见不一致,因此依据该条款分别提出报告,并建议由友好的国家来裁决。然而,很明显,对任何国家来说,要在不造成严重拖延或诸多不便的情况下履行职责,

即便不是完全不可行，也极具挑战性。因此，合众国政府提出了一项建议，并得到英国政府认可，即通过友好谈判划定边界。从以往的经验来看，假如双方在没有达成协议或进行协调的情况下自行其是，美国和英国在西半球的殖民地之间的商业往来就不可能通过立法行动得到令人满意的解决。有人建议英国政府通过条约来管理这种贸易，就像以同样方式管理居住在汇入圣劳伦斯河的湖泊和河流沿岸的州及准州上的美国公民对该河流通往海洋的航行的正当诉求一样。为了这些和其他对双方利益均至关重要的目标，（合众国政府）已同英国政府开展谈判，希望能取得令人满意的结果。

[5] 为履行《根特条约》第 6 条和第 7 条而设立的专员已开始着手与第 7 条有关的履约工作（与第 6 条相关的履约工作已顺利完成）。鉴于他们在履行职责所需的广泛调查方面所取得的进展，我们有理由预期这项工作将在明年完成。

[6] 长期以来，与法国政府就几个重要问题进行的谈判，特别是就美国公民在最近几次战争中因财产被无理扣押和没收而遭受的损失进行的谈判，迄今尚未取得预期的进展。由于这一诉求与法国政府承诺履行的其他诉求基于同样的原则，因此，（法国政府）没有任何正当理由可以推诿。我们将尽快任命一名公使前往法国，就该问题以及两国之间可能出现的其他问题恢复谈判。

[7] 根据俄罗斯帝国政府通过驻美公使的提议，（合众国政府）已将全权证书及训令寄至驻圣彼得堡的公使，指示其就两国在（美洲）大陆西北海岸的权利和利益进行友好磋商。

俄皇陛下向大英帝国政府提出了同样的提议,并已获得同意。合众国政府愿通过此次友好的协商表明它珍视与俄皇始终不渝的友谊,并期望获得俄国政府的最大谅解。在为此而举行的协商中,在谈判可能终结的交涉中,我们认为这是适当的时机来提出与合众国的权利和利益相关的这样一项原则:亚美利加大陆,以其呈现和维持的自由和独立状态,从今以后不应被当成欧洲列强将来殖民的对象。

[8] 自国会上次会议结束以来,依据俄皇陛下的决定,且依照 1822 年 7 月 12 日在圣彼得堡缔结的公约,评估和确定美国公民应得赔偿数额的专员和仲裁员已在华盛顿召开会议,并建立了一个委员会,以履行该条约赋予他们的职责。根据美国和西班牙 1819 年 2 月 22 日签署的条约第 11 条所组成的委员会也在华盛顿召开了会议。由于条约限定的执行信托的三年期限将在国会下次例会前到期,我提请立法机关提前关注为实现设立该委员会的目标所必需的举措。

[9] 根据众议院上次会议通过的一项决议,已向合众国派驻欧洲和美洲各国的公使发出指示,倡议取缔非洲奴隶贸易,将其归为海盗罪,并对肇事者以海盗论处。如果这项倡议被采纳,毫无疑问,这种可憎的犯罪行为将立即和彻底地得到杜绝。我们真诚地希望它被采纳,因为这很可能是为实现这一目的所能采取的最有效解决办法。

[10] 在法国和西班牙最近的战争开始时,法国政府宣布,它不会给私掠者任何佣金,并且西班牙与中立国的商业往来均不会受到法国海军的骚扰,除非构成对合法封锁的(公

然)违反。这一宣言似乎已被忠实地付诸实施,并与合众国独立以来所宣布和奉行的原则相一致,它表明了这样一种希望:将其作为未来一切海战永恒不变规则的建议可能得到欧洲列强积极回应的时机已经到来。因此,我们已指示合众国驻法国、俄罗斯和英国的公使们向这些国家的政府提出建议。当考虑到废除私人海战将对人类境况产生极大改善,且只需征得少数国家同意就可以实现这一目标的巨大好处时,人们热切地希望上述建议会受到提出此类建议的精神的鼓舞,并最终取得成功。

[11] 在上届国会会议期间被委任到哥伦比亚共和国及布宜诺斯艾利斯的公使们随后不久就动身前往了各自的目的地。他们到达那里的官方情报目前还没有收到。派驻智利共和国的公使将在几天后启程赴任。派驻墨西哥的公使的任命状也将尽快颁发。我们已接受了一位来自哥伦比亚共和国的公使的国书,并通知其他国家的政府可根据自己的意愿,派出公使或低级别的外交代表赴美就任。

[12] 被委任到西班牙的公使在抵达加的斯——西班牙君主的住所所在地——后不久就开始了工作。在靠近那个港口时,载着他的护卫舰被执行封锁任务的法国分舰队的指挥官警告离开,不准进入——尽管护卫舰的舰长已经把船上那个人的公开身份告诉了法国指挥官,(并说明)他此行唯一的目的就是要护送公使上岸。这一行径被认为是对使节和国家权利的侵犯,将成为向法国政府控诉犯下该罪行的官员的正当理由。

[13]公共财政的实际状况比上届国会开幕时的预期要好得多。今年1月1日,国库的结余为4237427.55美元。到9月30日,今年的总收入超过1610万美元,总支出为1140万美元。据估计,今年第四季度的收入将至少与支出持平,到明年1月1日,财政部将保持大约900万美元的盈余。

[14]到1825年1月1日,大多数战争债务和部分革命债务可偿还完毕。前者的额外部分将每年陆续偿还,直到1835年。不过,人们相信,如果美国保持和平,根据1817年3月3日设立的"偿债基金法案",该债务可由这段时期内每年的普通收入偿还。在这种情况下,1835年后剩下的唯一债务将是向合众国银行认缴的5%的700万美元股票和3%的革命债务,共计13296099.06美元。这两笔债务均可由政府随时赎回。

[15]近年来,军队的组织和纪律逐渐改善,状况令人满意。军费得到定期支付,账目被定期和及时结清。各类物资的质量都很好,并按时在所有哨所发放。各部门均实行了完善的节约和问责制度。1818年4月14日通过的"改组陆军参谋部法案"对这一理想状态的实现居功阙伟。

[16]为防御工事拨付的钱款被有条不紊和节约地使用,在建工程都在拨付数额允许的范围内有序推进。华盛顿堡、特拉华堡和路易斯安那州的里戈雷特堡等重大工程将在年内竣工。

[17]工程师委员会和地形兵团勘测海岸线的工作一直在积极推进,并规划防御所需的工程。

[18] 正如人们所期望的那样,军事学院在纪律和教学方面已经达到了较完善的程度,可与任何国家的同类机构相媲美。

[19] 拨付军械署使用的款项被及时和节约地使用。国家军械库的武器以及与国防部签订合同制造的武器在质量和价格上越来越令人满意。其质量据信已堪称完美。

[20] 防御工事的完成使得必须有适当的拨款来制造这些工程所需的大炮和马车。

[21] 为了在西部水域(Western waters)为西部军械库(Western armory)选址而拨款 5000 美元,并设立了一个委员会,由麦克雷上校、李上校和塔尔科特上尉组成,他们一直在勘探国家的土地。目前还没有报告行动的结果,但相信他们将准备在国会会议的早期阶段提交报告。

[22] 去年 6 月,阿什利将军和他的部队在与印第安人进行经政府批准的和平贸易时遭到了里卡瑞人的攻击。有几人被杀害或受伤,他们的财产也被抢夺或毁坏。位于最西端康瑟尔布拉夫斯的阿特金森堡的指挥官利文沃思上校,由于担心里卡瑞人的敌对情绪会蔓延到该地区的其他部落,进而危及密苏里河流域商人的生命和边境的安宁,立即采取措施制止了这种暴行。他带领驻扎在布拉夫斯的兵团的一支分遣队成功地袭击了里卡瑞人的村庄,希望这样的印象已经在这里和密苏里河流域的其他部落中留下,进而防止未来类似的敌对事件再次发生。

[23] 随函附上陆军部长的报告,将更详细地说明该部各

部门的情况,以及今年前三个季度在行政管理方面取得的进展。

[24] 根据各州主管官员向陆军部提交的最新报告,随函附上几个州的民兵申报表(return)。我们可以看到这份申报表是不完整的——尽管已经付出了艰巨的努力。由于在万分危急的关键时刻,国家的防御乃至自由必须依靠民兵,因此,在联邦范围内,民兵组织有序、装备精良、纪律严明是至关重要的。

[25] 陆军部长的报告显示,今年前三季度为武装民兵而拨付的资金的使用正在推进。由于一些州的有关部门未能定期申报,根据国会法案分配武器时出现了很多困难。1820 年5 月 12 日通过的法令规定,正规军团的战术和规章制度应适用于民兵。由于民兵组织不统一和制度本身的缺陷——特别是在适用于公共防御的主要兵力时,法案执行得不太理想。我们认为,这个重要问题的细节需要引起国会的关注。

[26] 随函附上海军部长的报告,其中叙述了今年前三季度海军部门的管理情况,包括海军扩建取得的进展,以及现役舰艇的使用情况。

[27] 我们在地中海、太平洋和大西洋沿岸部署着常规的兵力,为合众国在这些海域的贸易提供必要的保护。

[28] 在西印度群岛和墨西哥湾,我们的海军力量得到了加强。依据上次国会会议审议通过的《授权增加一支海军力量以打击海盗的法案》,我们增加了几艘小型船只。在实现其目标方面,该法案取得了显著成功。我们在古巴附近的贸

易所遭受的海盗袭扰得到了压制,我国商人的信心在很大程度上得到了恢复。

[29] 波特准将指挥了这次远征,他的爱国热忱和事业心得到了麾下官兵的鼎力支持。在对他们以英勇的方式维护了国家和海军的声誉感到无比满意时,这种情绪只会被一种忧伤抵消——在完成这项艰巨的任务时,季节和气候导致的瘟疫使国家失去了许多宝贵的生命,其中包括几名大有前途的军官。

[30] 8 月份,汤普生岛上出现了一种恶性的发热瘟疫,使我们在岛上的驿站面临毁灭的危险。许多人死亡,指挥官生命垂危。由于拿不准他的状况,而且大多数医务人员已不能正常履职,因此,人们认为最好派一名有经验的军官和数名熟练的医生到那个地方去查明发烧的原因和今后一段时间疫情死灰复燃的可能性,为身处困境的人们提供一切力所能及的帮助,如果可能的话,避免放弃如此重要的一个站点。罗杰斯准将慨然接受了这一重托,并以他的技巧和爱国精神所期望的方式履行了职责。在他到达之前,波特准将和中队的大部分官兵已经因为流行病离开了该岛,回到了美国。然而,目前已经获得了许多关于当地状况的有用资料,并为那些不得不滞留在那里的人提供力所能及的救助。

[31] 尽管我们的远征军与古巴岛政府的一个充满活力的行政当局合作,并与英国海军在同一海域积极合作,几乎彻底消灭了该岛未经当局许可的海盗,但我们在这里行动的成功并没有在邻近的波多黎各岛上有效地镇压相同的罪行。他

们是在西班牙委员会（Spanish commissions）滥用职权的情况下在那里犯下罪行。今年早些时候，一位专门派去的代表向该岛的总督提出了抗议，反对针对美国和平贸易的暴行——这种暴行此前已经发生过多次。这位官员声称他没有权力对我们的正当申诉作出答复，仅能将这些申诉提交给西班牙政府。（为此，我们）特地指示了美国驻西班牙的公使，敦促西班牙政府尽快和有效地介入，对犯下的罪行进行补救和赔偿，防止此类事件再度发生。如前所述，这位公使曾被禁止接触西班牙政府。与此同时，又发生了几起新的明目张胆的暴行，波多黎各岛上的美国公民遭受了劫难，其他人甚至因为在西班牙的法庭上主张无可置疑的权利而遭到暗杀的威胁。

[32] 我们向所有公务船只发出了常规的指令，要求扣押从事奴隶贸易的合众国船只，并将它们带回来接受审判。我很高兴地声明，目前没有发现这样做的船只。有充分的理由相信，我们的国旗现在很少——如果有的话——被这种交易玷污。

[33] 我们总是能够以自豪和赞誉来回顾海军的事迹，这是一种巨大的荣耀。作为国防的一种手段，它得到了公众的信任，并日益显示出重要性。有人认为，在诸多方面，（海军的）效率和经济性将难以企及。人们提出，（授予）比现行法律规定的等级更高的军衔是有好处的。这将给予那些长期忠诚地为国家服务的人应得的奖励，为良好的品行提供激励，并为确保严明的纪律提供最好的手段。消除陆军和海军之间在这方面的不平等，从而使我们的军官免受当我们的船只与其

他国家的船只相遇时所产生的诸多不便和羞辱,因为我们的海军是唯一不存在此类军衔的军种。

[34] 随函附上邮政总长的一份报告,将说明邮政部的现状及其在过去几年的一般业务。

[35] 法律规定了 88600 英里的邮路,现在邮件的营运里程为 85700 英里,除了一两个例外,所有已确定的线路都签订了运输合同。联邦共有 5240 家邮局,以及同样数目的邮政局局长。从 1822 年 7 月 1 日到 1823 年 7 月 1 日的邮资总额为 1114345.12 美元。在此期间,邮政部支出了 1169885.51 美元,包含下列项目:邮政主管补偿 353995.98 美元,杂项费用 30866.37 美元,邮件运输费 784600.08 美元,向财政部支付 423.08 美元。今年 7 月 1 日,邮政局局长们欠邮政部 135245.28 美元,离任的邮政局局长和承包商欠邮政部 256749.31 美元,因此欠邮政部的结余总额为 391994.59 美元。这些余额包括自邮政部成立以来发生的所有邮政主管和承包商的拖欠款项。7 月 1 日,邮政部应向承包商支付 26548.64 美元。

[36] 过去五年,邮件的营运里程已大大增加,邮政部门的开支也相应增加。虽然过去三年内累积的邮费少于支出的 262821.46 美元,但似乎已从未付余额中收取款项,以满足目前的大部分需要。

[37] 据估计,在上述结余中,可收回的款项不超过 250000 美元,其中相当一部分只能通过诉诸法律程序来收回。邮资收据方面预计会有一些改进。人们相信,及时关注

邮政局局长收到的款项，将使邮政部能够在没有财政部援助的情况下继续营业，除非由于建立新的邮路而增加支出。

[38] 可能需要对《邮政法》的某些部分进行修订。有人提出，如果薪酬超过一定数额，由参议院提名任命邮政局局长是否合适，就像任命其他政府官员一样。

[39] 在上一届国会会议召开时，我已经向国会表达了我的观点，即应该鼓励我们的制造业以及建立在此基础上的原则——我想补充说，这些观点是不变的，那些与我们有着直接政治关系和商业往来的国家的现状多证实了上述观点。在这种情况下，我建议对关税进行审查，以便为那些我们准备生产的产品或与国防和国家独立直接相关的产品提供额外的保护。

[40] 公共账户的实际状况进一步显示了现行公共开支问责制的效率。1817 年 3 月 4 日以来，从财政部提取的款项中，去年 9 月 30 日未入账的金额比上一年的 9 月 30 日减少了约 150 万美元；同一时期，已将先前垫付至 1817 年 3 月 4 日的未结算款项减少了近 100 万美元。很明显，随着后一种账户因结算而大量减少，结算剩余部分的难度也随之增加，因为考虑到在许多情况下，剩余部分只能通过法律程序收回。关于这个问题的具体细节，我参考了第一财政审计长的报告。

[41] 在上届国会会议上为修葺坎伯兰公路而拨出的款项已用于该项目，效果良好。还没有收到被指定监督调查的代理人的最后报告。收到后当立即向国会提交。

[42] 许多爱国的、开明的公民把（交通）问题作为特别研

究的对象,并提出了一个重要的改进办法。他们认为切萨皮克河和俄亥俄州的水域可通过一条连续的运河连接起来,而所需的花费远低于项目预期的价值和重要性。倘若能做到这一点,由此产生的积极效益将不可估量。运河所经过的富饶区域的大部分产品都会通过这条通道找到市场。战时,军队可轻松机动,大炮及弹药可以朝任何方向输送。这条线路通过联邦政府(National Government)所在地,将大西洋与西部地区连接起来,将从根本上强化联邦的内部联系。我相信国会有权为这样一项全国性的工程拨款(管辖权仍归运河经过的各州所有),因此,我提请您考虑是否可以通过一笔足够的拨款,授权雇用适当数量的工程兵军官在下一个季节调查未开发的地区,并提出调查报告。同样,将他们的研究扩展到俄亥俄河与伊利湖之间通过运河连接的几条路线上也是可行的。

[43] 由于坎伯兰公路每年都需要维修,而国会认为向各州建议一项宪法修正案以赋予联邦承担和执行国内改善(improvement)制度的权力是不合适的,因此还请您考虑,授权行政部门与道路经过的几个州达成一项安排,在各自的管辖范围内征收通行费以支付未来的维修费用,并提供相应的惩罚措施,以保护其免受未来的破坏,这是否合适。

[44] 1822 年 5 月 7 日的国会法案拨款 22700 美元,用于在特拉华湾亨洛彭角附近建造两个码头,作为船只避冰的避难所。为了实现该法案的目的,工程师委员会的官员和班布里奇准将被指示着手准备足以实现该法案目标的码头(修建)计划及(方案)评估。他们的报告(陆军部文件随函附

上)认为,前述拨款不足以达到预定的目标。由于码头对特拉华湾的航行和保护邻近海岸的船只意义重大,我提请国会考虑是否批准额外和足够的拨款。

[45] 根据去年 3 月 3 日通过的国会法案的拨款,工程师委员会也被指示调查和测量宾夕法尼亚州普雷斯奎尔港的入口,以便评估移除入口障碍物的费用,并制定最佳方案。委员会的报告与陆军部的文件将一并提交国会审议。

[46] 长期以来,在希腊人英勇抗争的基础上,人们抱有一种强烈的愿望,即希腊将在斗争中取得胜利,并在列国中恢复平等的地位。我们坚信,文明世界对希腊的福祉高度关注。虽然没有国家明确支持希腊,但根据我们的情报,也没有国家明确反对。他们的事业和名声荫庇着他们,使他们免受其他人可能遭遇的威胁。在国家间的交易中,夹杂着许多以扩大利益和贪婪占取为目的的通常算计,但这些对他们似乎不起作用。从了解到的情况来看,有充分的理由相信,希腊人的敌人已经永远失去了对他们的统治。希腊将再次成为一个独立的国家。她获得独立是我们最殷切的期望。

[47] 在上次(国会)会议开始时,曾经提到西班牙和葡萄牙作了很大努力来改善这些国家人民的境遇,看起来是以非常温和的方式进行的。不消说,此事的结果,就现在而言,与当时所预料的截然不同。对于世界那一区域的事件,我们经常是热切关怀的观察者,因为那里与我们有着密切的关系,而且是我们的发源之地。合众国的人民衷心祈愿大西洋彼岸的同胞们自由幸福。在欧洲各国之间为它们自己的事情发生战

争时,我们从未介入过,因为这样做是与我们的政策不合的。只有当自身的权利被侵犯或受到严重威胁时,我们才因所受的损害而愤慨,或准备自卫。我们与这个半球的事件必然有更直接的关联,其原因对于所有开明而公正的观察者都是一目了然的。在这方面,(神圣)同盟国家的政治制度与合众国有本质的不同。这种差异是由它们各不相同的政府而产生的。我们自己的政府是由无数鲜血和财富换来的,它是由最开明的人民的智慧造就的,在它的下面我们享受了无比的幸福,所以整个国家的人民为了保卫它是可以牺牲一切的。为着开诚相见,为着合众国与列强之间现存的友好关系,我们应当声明:列强方面把它们的政治制度扩展到这个半球任何地区的企图,对我们的和平与安全都是有害的。对欧洲列强现有的殖民地和保护国,我们没有干涉过,将来也不会干涉。但是对于那些已经宣布独立并保持着独立的,同时它们的独立,我们经过审慎考量并根据公正的原则加以承认的国家,任何欧洲列强为了压迫它们或以任何方式控制它们的命运而进行的任何干涉,我们只能认为是对合众国不友好态度的表现。在那些新国家与西班牙作战时,我们在承认它们的时候,宣布了中立。我们过去保持了中立,如果没有变化发生时,将继续保持下去,除非根据我国政府有关部门的判断,认为局势有了改变,在合众国这方面,由于安全的需要,也必将采取相应改变的措施。

[48]西班牙和葡萄牙最近发生的事态说明欧洲仍未安定下来。这个重要的事实充分证明了(神圣)同盟各国根据

合于自己的原则以武力去干涉西班牙的内政是适当的。根据这样的原则,这种干涉可能达到何种程度,这是一切具有不同政治制度的独立国家——甚至那些最遥远的国家,其中莫过于合众国——均深感关切的问题。我们对于欧洲的政策,早在那些长期扰乱欧洲的战争的前一阶段已经确定,迄今仍然没有变动,那就是:不干涉任何国家的内政,认为事实上的政府都是合法的政府,和它发展友好关系,并用坦诚、坚定和刚毅的政策来保持这种关系。在各种事件上接受各国所提的公正的要求,不对任何国家强加于我们的损害妥协。但是对于(南北美洲)大陆,情势却截然不同。(神圣)同盟各国将其政治制度扩张到(美洲)大陆的任何地区而不危害我们的和平与幸福是不可能的,也没有人会相信,如果让我们的南方兄弟(国家)自行其是,会主动采纳这种制度。因此,我们也不可能对任何此种形式的干涉无动于衷。如果我们看看西班牙和那些新国家力量和资源的对比以及它们彼此之间的距离,就会明白西班牙是不可能征服它们的。合众国的真实政策仍是对它们双方不加干涉,希望其他列强也采取同样的步骤。

[49]如果把我们联邦目前的状况与合众国革命结束时的状况进行对比,在构成一个国家幸福的所有重要事例中,在世界历史上没有任何类似的进步和改善的例子。在(国家发展的)第一个时期,我国人口不超过三百万。到上次人口普查时,已增至约一千万人。更不寻常的是,这些人口几乎全是土著居民,因为从其他国家来的移民很少。在第一个时期,在我们管辖的地域内,有一半的领土是无人居住的荒野。从那

时起又获得了广袤的新领土,其中包括许多河流,特别是密西西比河,通往海洋的航行对最初的各州来说是非常重要的。在这片领土上,我们的人口向各个方向扩散,新州已经建立起来,数量上几乎与组成联邦的最初各州相等。人口的增加和新州的并入对联邦的所有最高利益都产生了最积极的影响。它显著地增加了我们的资源,也增加了我们作为一个大国的实力和声望,这是大家都公认的。但是,这种令人振奋的效果并不仅仅是在这些重要的场合才会被感受到。显然,通过扩大我们制度的基础和增加州的数目,制度本身的两个分支都得到了极大的强化。因此,联合与分裂也就变得同样不可行。每个政府都信赖自己的力量,可以减少对其他政府的依赖,因此,每个政府都享有更大的行动自由,从而更有效地实现其建立的所有目的。宪法通过对这一制度本身所做的巨大改进,以及它在提升品格和保护国家及个人权利方面所产生的良好效果,在此无须赘述。那么,我们应把这些福祉归因于什么呢?众所周知的是,这些成就来自我们卓越的制度。那么,难道我们不应该采取一切必要的措施,使它们永垂不朽吗?①

---

① James D. Richardson, *A Compilation of the Messages and Papers of the Presidents*, *1789—1897*, *Vol. 2*, *Authority of Congress*, 1898, pp. 207—220.

威尔逊总统致国会的演说

（1917 年 1 月 22 日）

去年 12 月 18 日，我曾向各交战国政府发出相同的照会，要求它们比所有交战国集团都更加明确地提出可以媾和的条件。我是代表人类和所有像我们一样的中立国的权利发言的，其中许多国家最重要的利益正不断遭受着战争的威胁。

同盟国在一份联合答复中仅仅说他们打算与对手在和会上碰面，讨论和平条件。

协约国的答复要明确得多，并且确实笼统地但以足够明确暗示细节的方式，阐明了被认为是足以令人满意的和平方案必备要件的安排、保证和赔偿事宜。

我们距离结束当前战争的和平的明确讨论更近了一步，距离讨论未来使世界保持永久和平的国际协调也更近了一步。

在每一次关于结束这场战争的和平的讨论中，人们都理所当然地认为，和平的背后必须有某种明确的力量协调一致，这将使任何这样的灾难不可能再次击倒我们。每一个热爱人类、每一个理智而有思想的人都必定把这视为理所当然。

我找这个机会向您讲话，是因为在最后确定我们的国际义务时，我有责任向您毫无保留地透露我脑海中形成的关于我国政府的职责的想法和目标，即在将来有必要通过一项新的计划重新奠定国家间和平的基础。

美国人民不参与这一伟大事业是不可想象的。自从他们怀着崇高而伟大的愿望建立一个新国家，希望它能够以其过去和现在的一切为人类指明通往自由的道路以来，他们一直在寻求以其政体的原则和宗旨以及受赞扬的政府实践为自己做准备。参与这样的服务将是一个机会。

拒绝(提供)这具有挑战性的服务，是他们在荣誉上不能接受的。他们不愿退缩。但是，为了他们自己，也为了世界上别的国家，他们有责任说明，在何种条件下，他们可以自由地采取行动。这种服务不过是在其他国家的权威和力量的基础上再添加他们的权威和力量，以保障全世界的和平与正义。这种解决办法不能拖得更久了。正确的做法是，在这一时刻到来之前，美国政府应该坦率地提出它认为有理由要求美国人民批准它正式和庄严地加入和平联盟的条件。我在这里试图阐明这些条件。

当前的战争必须首先结束。但是，出于对人类意见的坦率和公正的考虑，我们应该说，就我们参与保障未来的和平而言，战争以什么方式和在什么条件下结束将产生很大的影响。结束战争的条约和协定必须包含一些条款——这些条款将创造一种值得保障与维护的和平,一种将赢得人类褒扬的和平,而不只是一种为相关国家的具体利益和当前目标服务的和平。

我们在决定这些条款的具体内容方面没有发言权。但我确信,我们将有发言权来决定它们是否应当通过普遍盟约的保证而持续有效。至于什么是构成永久和平先决条件之根本性和本质性的东西,我们的判断应该现在就说,而不是等到将来再说,那时可能就太迟了。

没有新世界各国人民参与的合作性和平盟约,就不足以保障(人类)未来不受战争的威胁。然而,只有一种和平是美国人民能够联合起来保证的。

这种和平的要素必须是获得信任并符合美国政府原则的要素,必须是合乎美国政府的政治信仰和美国人民曾永远拥护并承诺坚定捍卫的实际信念的要素。

我的意思并不是说,美国政府会对处于战争状态的各国政府可能达成的任何和平条件设置任何障碍,或在达成和平条件时试图破坏这些条件——不管这些条件是什么。我只是理所当然地认为:仅仅是交战国双方提出的媾和条件,就连它们自己也不可能满意。

仅仅达成协议并不能确保和平。绝对有必要建立一支力量,作为永久和平方案的保证,其力量要比目前交战的任何国家或迄今已成立或计划成立的任何联盟的力量大得多,以至于没有任何国家或可能的国家组合能够藐视或对抗它。

如果现在要建立的和平是真正持久的,它必须是由人类有组织的主要力量加以保障的和平。

所商定的即将达成的和平条件将决定这种和平是否能够得到这种保障。整个未来的世界和平与政策所依赖的问题是：

这场战争是为了争取公正而安全的和平，还是仅仅为了新的势力均衡？如果这只是一场争夺新的势力均衡的斗争，那么谁将保证、谁又能够保证新的和平方案的稳定均衡？

只有安宁的欧洲，才会有稳定的欧洲。必须有一个权力的共同体，而不是势力均衡；不是有组织的竞争，而是有组织的共同和平。

幸运的是，在这点上我们得到了非常明确的保证。两个国家集团的政治家们现在互相对立，他们用明确坚定的措辞说，他们心中的目的绝不是要摧毁对手。但并非所有人都同样清楚这些保证的含义。可能当事双方的理解都不一样。我想，如果我试着阐述对它们的理解，这将是有用的。

这些保证首先暗示，这必须是一种没有"胜利"的和平。说这样的话很不动听。我请求您允许我对它作出自己的解释，并且请您理解，这些解释的含义是单一的。

我只寻求不带任何掩饰地直面现实。"胜利"意味着把和平强加给失败者，将胜利者的条件强加给战败者。它将在屈辱、胁迫和无法忍受的牺牲下被接受，并遗留下刺痛、怨恨和痛苦的记忆。建立在这些记忆之上的条款不会实现永久和平，这样的和平仅仅是建立在流沙之上。

只有平等者之间的和平才能持久。只有以平等和共同参与共同利益为基本原则的和平(才能持久)。正确的精神状态、国家间正确的情感,对于永久和平是必要的,就像公正地解决领土、种族和民族归属的棘手问题一样。

要使和平得以持久,国家间的平等必须是权利的平等。交换的保证既不能承认也不能暗示大国与小国、强国与弱国之间的差别。

正义必须建立在各国共同力量的基础上,而不是建立在各国单独力量的基础上,国家间的和谐和平将有赖于各国的共同力量。

领土或资源的平等自然是不可能的。此外也没有任何其他形式的平等不是在人民自己的正常和平及合法发展中获得的。但是,除了权利平等之外,没有人要求或指望别的什么。人类现在追求的是生活的自由,而不是权力的装备。

在有组织的国家之间,甚至还有比权利平等更深层次的东西。如果不承认和接受这样的原则,即政府的正当权力来自被统治者的同意,并且任何地方都不存在把人民当成财产那样从一个主权者转移给另一个主权者的权利,那么,任何和平都不可能持久,也不应该持久。

譬如——倘若我可以举一个例子,我认为这是理所当然的——各国的政治家都同意应有一个统一、独立和自治的波兰;从今以后,迄今生活在与自己的信仰和愿望对立的政府统治下的人民,其生命、礼拜、工业和社会发展的不可侵犯的权利都应得到保障。

我谈到这一点,并不是因为想要标举一个抽象的政治原则——该原则一直为那些寻求在美国建立自由的人所珍视，而是出于在我看来显然是对永久和平必不可少的其他条件的同样原因，因为我希望坦率地面对现实。

任何不承认和不接受这一原则的和平都将不可避免地受到破坏。(因为)它未能以人类的感情或信念为基础。所有受波及的全体人民的精神骚动将微妙地、不断地同它抗争，而全世界(的舆论)都同情它。世界只有在生活稳定的情况下才能处于和平状态，而在意志叛逆的地方，在缺乏平静的精神和正义感、自由感和权利感的地方，就不会有稳定。

此外，在切实可行的范围内，应该保证每一个正在为充分开发其资源和力量而奋斗的伟大民族，有一条通往海洋之路的直接出口。如果不能通过割让领土来做到这一点，毫无疑问，可以通过在保证和平本身的一般保障下对直接通行权的中立化(neutralization of direct rights of way)做到这一点。有了正确的礼让安排，任何国家都不会被关在自由进入世界商业开放道路的大门之外。

海洋之路在法律上和事实上都必须是自由的。海洋自由是和平、平等与合作的必要条件。

毫无疑问，为了使海洋在大多数情况下都真正自由和供人类共同使用，对迄今被认为已经确立的诸多国际惯例的规则进行某种程度的重新修订是必要的，但是这种改变的动机是令人信服和势在必行的。没有它们，各国的人民之间就不会有信任和亲密的关系。

各国之间自由、经常和不受威胁的交往是和平与发展进程的一个重要组成部分。如果世界各国政府真诚地希望就此达成一项协议,那么界定或确保海洋自由并不困难。

这是一个与限制海军军备和世界各国海军在保持海洋自由及安全方面的合作密切相关的问题。限制海军军备的问题引出了限制陆军和一切军备计划的更广泛、也许更困难的问题。

尽管这些问题既困难又微妙,但必须以最坦率的态度面对它们,并本着真正和解的精神作出决定,才能使和平女神带着疗愈的翅膀飞来,并持久下去。没有让步和妥协就不可能有和平。如果将来到处继续建立和维持巨大的优势性军备,国家间就不会有安全感和平等感。

各国的政治家必须为和平作规划,各国均必须调整政策以适应和平,就像它们为战争作规划并为无情的竞争和对抗做好准备一样。无论是陆地还是海上的军备问题,都是关系到各国和人类未来命运的最直接和最紧密的实际问题。

我毫无保留并极其明确地谈论这些重大问题。在我看来,如果世界对和平的渴望在任何地方都能得到自由的表达和倾听,这(对和平的实现)是必要的。也许我是世界上所有可以畅所欲言、襟怀坦荡的国家中唯一一个拥有最高权威的人。

我以个人的身份在讲话,当然也是以一个伟大政府负责任的首脑的身份在讲话。我相信我说的是美国人民希望我说的话。我是否可以补充说,我希望并相信,我实际上是在为每个国家的自由主义者和人类的朋友以及每一个自由计划讲话?

我愿意相信,我是在代表世界各地沉默的人类大众讲话,他们没有场合或机会发出真实的心声,他们目睹最心爱的人和家园遭受了毁灭。

我坚持期望,美国人民和政府将按照我所提出的条件,与世界上其他文明国家一道,承诺保障持久的和平。我更大胆、更有信心地说,因为每一个能思考的人都清楚,这个承诺,既没有违反我们的传统,也没有违反我们作为一个国家的政策,而是实现了我们所宣称或为之奋斗的一切。事实上,我在提议,各国应一致地接受门罗总统的原则作为世界的原则:任何国家都不应寻求将自己的政体强加到其他的国家或人民之上,每个民族都应自由决定自己的政体,自己的发展方式,不受阻碍,不受威胁,不受恐吓,无论强弱,均应一视同仁。

我建议所有国家从今以后都避免结盟,以免卷入到权力竞争的漩涡中去,陷入到阴谋和自私竞争的网罟中,并使自己的事务受到外来影响的干扰。在大国的协调中不存在纠缠不清的同盟。当所有人都以同样的理性和一致的愿望联合起来行动时,所有人都在为共同的利益而行动,并在共同的保护下自由地过自己的生活。

我提议建立一个经由被统治者同意的政府。作为深信自由的信徒,美国的代表们在一次又一次的国际会议上以雄辩的口才反复敦促实现海洋自由,限制军备,使陆军和海军成为维持秩序的力量,而不是侵略或自私逞暴的工具。

这些是美国的原则,也是美国的政策。我们不可能支持其他的原则和政策。它们也是世界各地、每一个现代国家、每一个开明社会的有远见的男女信奉的原则和政策。它们是人类的原则,必须占上风。①

---

① Ray Stannard Baker and William E. Dodd, eds., *The Public Papers of Woodrow Wilson*: *The New Democracy*, (2vols., New York, 1926), II, pp. 407—414.

威尔逊总统提请参议院批准
《凡尔赛和约》的讲话

（1919 年 7 月 10 日）

参议院的先生们：

　　与德国的和平条约已于 6 月 28 日在凡尔赛宫签订。我想利用这个尽可能早的机会将和约提交您批准，并向您通报关于起草和约的会议工作情况。

　　这项和约完全是一项世界性的和平解决方案。我不可能在一篇不算是专著的演说中概括或解释它的具体条款。我的服务和所掌握的一切讯息将随时听候您及参议院外交关系委员会的调遣，无论在非正式会议上还是在会议期间，一切服从您的需要。我希望您会毫不犹豫地利用它们。现在，在您自己研究这份文件之前，我想对它的范围和目的作一个总体的描述。

　　某种意义上说，毫无疑问，我没有必要向您报告我在巴黎打算和实际做的事情。您每天都了解到那里正在发生的事情，了解到和平会议必须处理的问题，认识到在一个国际关系的旧路线和新路线并存的领域里,在任何地方划出解决办法的直线是困难的,(相反,其)遵循着如此错综复杂的模式,而且在很大程度上受到历史环境的深刻影响——这些历史环境支配着人们的行动,即便在最好的情况下,它们也可能被忽视或逆转。政治和利益的交叉涡流对您来说一定很明显。如果我试图解释由此产生的问题或其中的许多不同因素,那将是冒昧的。我将尝试一些不那么雄心勃勃的事情,但我向国会报告的义务更清楚地表明,我与我的同事们作为美国政府的代表必须履职尽责。

这是由美国在战争中所扮演的角色决定的,也是由在这场伟大的斗争中与我们站在一起的各国人民心中所产生的愿望决定的。

美国参战的立足点与除了我们在海洋这一边的盟友(美洲国家——笔者注)之外的任何国家都不同。我们参战,不是因为物质利益受到直接损害,也不是因为美国参与的任何特殊的条约义务受到了威胁,而只是因为我们看到了权利的至上性,甚至权利的合法性到处都受到了威胁,自由的政府到处都受到一个既不尊重权利也不尊重义务的政权不可容忍的侵略威胁——这个国家的政府制度蔑视公民的权利,统治者有着专制的权威。在达成和平协议的过程中,我们并没有为自己寻求特别的补偿,而只是在各地致力于恢复权利和保证自由,使人们能感受和平协议的影响。我们以公正的权利捍卫者的身份参战,我们对和平条款没有别的兴趣。

在我们的士兵开始大批渡海而去的时候,那些联合起来与同盟国作战的国家的希望已经很渺茫了。在协约国人民中间,除了意志最坚强的人之外,到处弥漫着一种不祥的预感。战争在 8 个月前的 11 月结束,但只要回想一下去年夏天,即停战前短短 4 个月人们所担忧的情况,您就会明白我们及时的援助对协约国士气和人身安全所起的作用。在蒂埃里堡发起的首次难忘的军事行动开始了。我们英勇的士兵和海军陆战队员堵住了敌人为向巴黎进军而打开的缺口,接着把战场推回到法国边境,力挽欧洲与全世界溃败的狂澜。此后,德军一再后退,再后退,永远不能成功地向前推进了。然而,在此之前没有任何自信的希望。焦虑的男男女女,法国的精神领袖,基于慷慨的礼貌,参加了去年 7 月 4 日在巴黎举行的国庆日活动——没有欢庆的心情,没有希望的热情。但当他们离开时,内心深处有了新的情愫——这是他们自己告诉我的。只要一看到我们体格健壮的士兵,目睹他们的活力、每个动作和步伐摇摆的每个转弯所表现出来的自信,看到沉着、会心的眼神和从容不迫的纪律性,看到他们为所做的一切增添了精气神的坚毅不屈的神态——在那个值得纪念的日子里,每一个看到这些的人都意识到,发生了一件事,这不仅仅是战斗中的一件小事,也完全不同于一支新的军队的到来。一股巨大的道德力量注入了这场战争。那些精神抖擞的人的良好的体力象征了比体力更重要的东西。他们心中怀着自由人民的伟大理想,拥有这种理想,他们是不可战胜的。他们的存在让人安心;他们的战斗保证了胜利。

他们被看成是十字军。当人数从数千人增长到数百万人的时候,他们被视为救赎的力量。他们是承载希望并确定无疑地实现这一希望的最佳人选。优秀的人不轻易上战场,军官也配得上他们。现在不是赞扬我们派往法国的军人的时候,但是,既然谈到了他们的使命,也许我可以谈谈我与每个在那里看到或与他们打过交道的美国人共同感受到的骄傲。他们是美国希望代表他们的那种人,是每个美国人都希望成为伟大事业的同胞和同志的那种人。他们在战场上冲锋陷阵,在平时却很温和,乐于助人。他们记得家中的母亲、姐妹、妻子和子女。他们是武装的自由人,在执行暴力的任务中并没有忘记责任和理想。我很荣幸能与他们站在一起,并以当他们的领袖为傲。

但我现在要说的是,对那些与他们并肩作战的人,对那些与他们肝胆相照、朝夕相处的人来说,这些(远赴欧洲的)美国军人意味着什么:作为朋友,我们唯一的愿望是(为别人)提供援助。他们是所有人能看见的"美国"的化身。他们的行为使美国和她所代表的一切成为活生生的现实——不仅在法国人民的心中,而且在世界上所有劳动国家的千千万万男女的心中。在这个世界上,对自由的威胁无处不在。人类面临失去它所珍视的一切的危险。人们渴望联系的纽带永不松开,希望永不被嘲笑和熄灭。

在和平谈判桌上代表美国的是我们。我们有责任确保美国参与的每一项决定,在力所能及的范围内,有助于消除生活在这种阴影下的人民的恐惧,实现那些在我们帮助下获得自由的国家的希望。我们有责任尽己所能,使自由和权利的胜利成为持久的胜利,以保证世界各地的人们都可以无忧无虑地生活。

各种各样的旧纠葛(Old entanglements)——这是各国政府在强权与正义混淆、胜利者的权力不受制约的时代彼此作出的承诺——挡在了路上。任何涉及领土分配的约定,任何主权的延伸,似乎都是为了那些有权提要求的人的利益而进行的,都是在没有考虑到利害攸关的人民的愿望或权益的情况下进行的,这些不可能总是被体面地撇在一边。把新的思想秩序嫁接到旧秩序上是不容易的。我还担心,嫁接的果实在一段时间内可能是苦涩的。但是,除了少数例外,那些和我们一起坐在和平桌旁的人,都和我们一样真诚地希望摆脱那些坏的影响、不正当的目的、使人士气低落的野心、国际上的计谋和权宜之计,这些也都是德国的邪恶图谋自然产生的根源。

我们曾荣幸地制定了被接受为和平基础的原则,但是这些原则被接受并不是因为我们的参战加速和确保了胜利,并坚持要别人接受,而是因为它们乐于被人们接受,因为它们是各地培养出的可敬和开明的人所遵循的原则。它们代表了全世界和美国的良知。我对这些有能力和远见的人们表达由衷的敬意与感激,我很荣幸与他们合作——因为他们具有持久的合作精神,他们努力使其所代表的利益符合大家都接受的原则。困难多存在于环境中,而不是在人身上。(参加和会的)领导人认识到和平问题作为一个不可分割整体的真实和全面的愿景,这不仅仅涉及对利益的调整,更涉及正义和正确行动的问题。

这次会议的工作氛围似乎不是由强大政府的野心塑造的,而是由小国和至今仍受(追求单方面)胜利(的观念)碾压与蹂躏的权势所奴役的人民的希冀和愿望所塑造的。两个庞大帝国在政治上已经破产,而我们是接管者。我们的任务不仅仅是与同盟国媾和,纠正他们军队犯下的错误。同盟国的生活是对这场战争争取的诸多权利的公然违反,同盟国对其没有自然权利统治的异民族实施控制,强加彻头彻尾的奴役而非单纯的服从,剥削弱者,为那些只靠武力统治的人谋利。除非整个中欧的秩序恢复正常,否则就不可能有和平。

这意味着新的国家应得到建立——波兰、捷克斯洛伐克、匈牙利。古代波兰的任何一部分都没有真正成为德国、奥地利及俄国的一部分。在思想和愿望上,波希米亚与她长期以来一直被人为捆在一起的君主国格格不入。奥地利与匈牙利不稳定的伙伴关系更多是利益关系,而不是亲缘或情感关系。奥地利将斯拉夫人强行并入,作为其帝国的南部地区。这些斯拉夫人的心与巴尔干半岛的同胞连在一起。这些都是权力的安排,而不是自然或自愿的联合。这是那些希望和平并明智地建立一种新秩序的人需要处理的当务之急,这种新秩序将基于人民的自由抉择,而不是哈布斯堡或霍亨索伦王朝的专制权威。

不仅如此,基于共同的情感和亲缘关系与罗马尼亚连在一起的大量人口,也违心地与奥匈帝国或其他异民族的国家捆在一起。建立新的罗马尼亚以及以塞尔维亚为核心的新的斯拉夫国家,是和平任务的一部分。

在这些(有待)调整和救赎的新地域里,找不到天然的边界。必须不断处理其他相关的任务。德国的殖民地将被处理掉。它们没有被真正统治过——它们只是被剥削,居民的利益没有被考虑到,甚至没有考虑到居民的一般人权。

此外,土耳其帝国也像奥匈帝国那样崩溃了。它从没有真正的一体性。它只是凭借无情和非人的力量维系着。它的人民大声疾呼,要求解放,要求从炼狱般的苦难中得到救助。渴求希望的新时代似乎终于迎来了曙光。迄今处于无边黑暗中的人民将被引导到光明中,并最终被授以援手。不发达民族和准备承认独立但尚未准备好承担国家地位全部责任的民族应得到友好保护、指导和援助的充分保证。

在执行这些伟大的自由事业的过程中,出现了尝试政治家们以前从未找到方法的机会;出现了通过庄严的国际公约保障种族、民族和宗教少数群体权利的机会;出现了限制和管制军事机构的机会,因为它们极可能是有百害而无一利的;出现了水道和铁路实现完全和系统的国际化的机会,这对许多国家的自由的经济生活是必要的,并有机会清除许多正常商业渠道中不公平的法律障碍或特权;这也是个非常重要的机会,使劳工得到明确的国际原则和实践承诺的一致保护。

这些都不是此次和会人为寻找并特意执行的任务。它们与和平解决方案密不可分。它们是由不可轻忽的环境而被迫这样做的。战争造就了它们。在世界的各个角落,旧的已建立的关系都被扰乱或打破了,事物游移不定,需要修补或重新联结,不过已不能恢复到从前的样子了。它们必须通过运用某种统一的正义原则或开明的权宜之计来修正。它们不能仅仅通过在条约中规定应当做什么来调整。将要建立的新国家,如果没有那些同意建立它们并为其赢得独立的大国的实际支持,就不可能度过最初的襁褓时期。如果各国之间没有共同的权威,管理不善的殖民地就不应交到别的政府手中——政府是人民的托管人,而不是他们的主人;这些政府也不可能对他们的托管真正负起责任。假如条约不设立永久的共同国际机构,假如条约在这些事项上的执行将留给通过一般谈判方法进行缓慢和不确定性的合作进程,那就不可能保证将来关于水道的控制、武器或致命药物的非法贩运、或许多涉及不同国际行政安排的调整的国际公约。假如和会本身不是各国政府之间的合作权威和协商的终极权威——世界希望通过它来执行正义,并承诺持久解决问题,那么像萨尔盆地这样的地区就不可能被置于一个临时的行政制度之下,该制度不涉及政治主权的转移,也不涉及在遥远的未来通过民众投票来最终确定其政治归属;就不可能创造出像但泽这样的自由城市,在精心拟定的国际保证下,接受关于使用其港口的特殊义务,并与一个它不属于其组成部分的国家建立特殊关系;就不可能提供适当保障的公民投票,让人民在未来的某个日期选择他们将生活在什么样的主权者之下;对于解决有关条约本身处理的许多事项所预期的最终决定这一难题,就不可能保证有确定和统一的仲裁方法;对德国承诺在下一代内完成的赔偿项目的长期持续监督就可能彻底瘫痪;尽管条约规定了某些行政安排和限制措施,但人们认识到,如果这些措施被长期执行,可能并不会带来持久的利益或完全的公平,那么对其进行重新考虑和修订就会变得不可行。如果没有一个共同的舆论和判断法庭——自由主义的政治家可以求助于它的影响,因为只有这样才能确保它们的执行——那么,政府之间关于如何处理劳工问题的承诺——不仅是法律上的,也是事实上的,都将仅仅是一个人道的论点。自由国家的联盟已成为一种实际需要。仔细研究一下和约,你就会发现,在其诸多条款中,制定者处处都感到有必要求助于国际联盟,将其作为维持他们在世界——文明人的世界——建立新秩序的一个不可缺少的工具。

应该有一个国家联盟,以稳定世界各国的协商及维持和平的谅解,不仅要订立条约,而且要订立公认的国际法原则,即世界各国政府之间的实际行为准则,这是一开始就被接受了的共识之一,作为与同盟国媾和的基础。所有交战国的政治家都同意,必须建立这样一个联盟,以维持即将实施的和平方案。但起初我想,他们中的一些人有一种感觉,尽管必须尝试,但建立这样一个联盟也许是个(过于)完美的提议——对那些在实务世界中经验丰富的实干人士来说,他们必须非常谨慎地同意,而且会有许多疑虑。只有在着手对世界事务进行近乎普遍调整的艰巨工作日复一日地从会议的一个阶段推进到另一个阶段时,才会出现这种情况。很显然,假如他们没有提供一种所有人都有义务接受的共同咨询手段和一个共同的权威——其决定将被所有人认为是必须尊重的决定,那么,他们寻求的将不过是写在纸上的东西,就只能用政治机会能够提供的方法来解释和应用。

因此,他们中间最务实、最持怀疑态度的人越来越把国际联盟看作是保证国际行动的权威——正如他们看到的那样,假如没有这个权威,就很难使这个条约或他们维持和平的任何其他国际谅解取得可靠的效果。《国联盟约》是在其他问题已解决的情况下,起草和协商的条约的第一个实质性部分,这一事实有助于使其余部分的制定更加容易。这次会议(的影响)毕竟不是暂时的。各国的协调将在一项已达成一致并且人人都相信是可行的明确盟约之下持续下去。他们满怀信心地向前推进,作出旨在成为永久性规定的安排。与会者中最务实的人士最后恰恰是最愿意把那些不能立即决定的事项的监管权交给国际联盟的,也是最愿意让国际联盟监管所有需要持续管理的行政问题的人。这个(起初)看起来有空想色彩的提议,现在却像是最务实明智的行动。国际联盟是务实的政治家在其尝试解决的诸多棘手难题上取得成功的希望所在。

在会议的所有成员看来,国际联盟是个宏大的事物——在每个方面都气势恢宏,而不仅仅是执行特定条约事项的工具。人们普遍地认识到,各国人民都期盼会议建立这样一个自由国家的持续性协调,以使像刚刚结束的侵略和掠夺战争永远不会(再次)发生。所有受摧残地区的所有家庭都发出了这样的呼吁,他们的儿子、兄弟和父亲做出了巨大的牺牲,再也不需要这样的牺牲了。之所以会有牺牲,原因显而易见。

这是因为一个国家想要统治,而其他国家除扩充军备和缔结同盟外,没有其他自保的方法。战争是战前欧洲乃至全世界一切安排的核心。躁动不安的人民被告知,他们辛苦维持的舰队和军队意味着和平。现在他们明白,自己被欺骗了:维持舰队和军队是为了满足国家的野心,仅仅意味着战争。他们知道,旧的政策只意味着武力,武力,永远都是武力。他们知道这是难以忍受的。世界上每一颗真诚的心,每一种开明的判断,都要求每一个为人民、为正义、为有序的自由着想的政府——无论独立行动的代价有多大,都应该致力于一个新的目标,那就是彻底摧毁国际政治的旧秩序。政治家可能会认为这样做很困难,但人民不这样看,也无法容忍(政府对这个目标的)背叛。在这场战争中,他们为打击隐藏在每一种势力均衡中的恐怖而流尽了鲜血,这场战争不能仅仅以武器的胜利和(建立)新的势力均衡而终结。这个诉诸武力的怪物必须戴上牢不可破的锁链。

自由国家的联合力量必须制止侵略,世界必须获得和平。如果现在没有意愿或智慧来实现这一点,那就必须再来一场最后的(终极)战争,清除世界上一切可能重新制造恐怖的势力。国际联盟不仅仅是一个在新的和平条约下调整和纠正旧错误的工具;它是人类唯一的希望。从人民的家中,战争的恶魔一次又一次地被赶出去,然后通过缔结和约将屋子重新打扫干净——但这仅仅是为了等待下一个时刻,它会带着比上次更糟糕的情绪闯进来。这屋子现在必须转让给一个房客,让他彻底杜绝这一切。当政治家发现新设计的国际联盟对执行目前的和平与赔偿计划是便利的——甚至是必不可少的，他们在任务完成前就从一个新的方面看到了它（的价值）。他们认为这是和平的主要目标，是唯一能够实现和平或使和平有价值的事物。他们认为这是全世界的希望，不敢让这个希望被浇灭。我们或其他自由的人民在担负这项伟大的责任时会彷徨犹豫吗？我们敢拒绝它，伤了世界的心吗？

因此，就德国而言，和会的结果是无懈可击的。（会议进行中）遇到的障碍很多。有时它们似乎是无法解决的。要照顾这么多国家的利益——这些利益直接或间接地影响到几乎每一个国家——而不作出许多小的妥协是不可能的。因此，条约并不完全是我们最初想制定的样子。或许这也不是其他国家的代表团的本意。但最终的结果经受住了考验。我认为，人们会发现，那些被认为是不可避免的妥协，并没有损害任何原则的核心与实质。会议的工作总体上符合作为和平基石的商定原则，也与必须作为客观事实加以面对和处理的国际局势的实际状况相符合。

现在我将有机会向你们提出一项与法国的特别条约，其目标是暂时保护法国免受与本和约的谈判对象国（德国——笔者注）的无端侵略。它的条款与本条约有关。不过，我冒昧地把它留到下次再作特别解释。

正如我所说，在我和同事们到达巴黎之前，美国在和会上要扮演的角色似乎已经预先注定，这是由我们将要与之打交道的各国的普遍期望决定的。人们普遍认识到，美国参战并不是为了获取自己的个别或特殊利益，而只是作为权利的捍卫者,她愿意与各地的自由人和热爱正义的人分享这种权利。我们已经确定了解决问题的原则,即签订停战协议与举行和平谈判的原则。没有人怀疑我们的愿望是看到和约基于这些原则的实际路线确定——除此之外别无他求。作为公正无私的朋友,我们受到广泛的欢迎。在众多棘手的问题上,我们被邀请来担任仲裁人。大家都认识到,在未来的日子里,当工业和信贷重新恢复正常运转,当满目疮痍的地区再次寻求帮助时,我们的物质援助将不可或缺。我可以自豪地说,我们理所当然地会在这些事情上扮演乐于助人的朋友角色——就像在所有其他事情上一样,公正无私,不偏袒任何人。我们被公认为是刚直不阿的正义斗士。这是一个非常有责任感的角色。但我很高兴地向大家报告,这群优秀的美国人在各种解决方案的每个环节都提供了专业的建议,证明在每一事项中对他们的充分信任是正确的。

在我看来,在未来的日子里,这种信任是衡量我们的机会和责任的尺度,决定着各国人民的新希望是实现还是破灭。无论各国是对手还是伙伴,美国都是他们的朋友,这并不是什么新颖的事实,只是世界的其他地方刚刚发现了这一事实,它才显得新颖。

可以说,美国业已达到了作为世界大国的成熟阶段。差不多在 21 年前,与西班牙战争的结果使我们意外地拥有了世界另一端的富裕岛屿,并使我们与其他政府联合起来控制西印度群岛。不止一个欧洲总理府的政治家认为,我们将权势扩展到美洲大陆领土范围之外是一件意味不祥的事情。他们习惯于将新的邻居当作新的威胁,把对手视为值得警惕的敌人。国内也有些人对我们的权势扩展到遥远的岛屿和人民那里深表不满,并公开表示担忧。他们担心我们会压榨这些岛屿和人民,而不是为他们服务和帮助他们。但我们没有压榨他们。我们一直是他们的朋友,并努力为他们服务。我们的统治从未对其他国家构成威胁。在与古巴的交往中,我们最大限度地保全了荣誉。古巴尽管贫弱,但绝对自由,正是她对我们的信任让她得以自由。世界各地的弱小民族随时准备赋予我们权威,以确保对他们进行同样友好的监管和指导。他们知道没有理由害怕接受我们作为他们的导师和向导。我们的孤立状态在 20 年前就结束了。今天呢? 对我们的恐惧也消失了,我们的建议和交往得到了寻求和渴望。我们成为世界强国已毫无疑义。唯一的疑问是我们是否拒绝世界提供给我们的道德领导,我们是接受还是拒绝世界(对我们)的信任和托付。

在我看来,这场战争和在巴黎举行的和会似乎已经回答了这个问题。参战确立了我们在国际上的地位——除我们自己的错误行动(指参议院否决美国加入国际联盟——笔者注)外,什么也不能改变它。我们不再是孤立的,不再致力于一项只以自己的利益和(寻求)优势为目标的政策。这不是偶然的,也不是贸然的选择。如果我们确实是自由和权利的捍卫者,那我们就有义务参战。我们以这样的方式响应责任的召唤——精神抖擞,绝不会计较我们为此牺牲了多少生命和财富,务实高效,值得万众敬仰,充满英雄气概。全世界终于在一个曾经被认为是物质性的国家里看到了伟大的理想——在肉体上，在高尚的行动中。如今，(美国)被发现是精神力量的联合体，必将把所有国家的人民从悲惨的奴役中解放出来。因此，我们热爱的这个伟大国家承担了新的角色和义务，我们都希望将它提升到更高的服务水准和(取得更大的)成就。

舞台已搭建，命运已显露。此事的成就，并不是基于我们所怀的意图，乃是借着引导我们走这条路的神的手。我们不能退缩。我们只能昂首阔步，精神抖擞，追随愿景向前走。这正是我们出生时所怀的梦想。美国将为世人指明道路。光明所至，前路在兹。①

---

①　Woodrow Wilson, "Address of the President of the United States to the Senate of the United States", July 10, 1919, Washington, 1919.

后　记
——兼及我的学术心路历程

如果说哲学缘起于惊奇,那么,本书的写作在很大程度上则发端于十年前我在准备博士论文过程中经历的深深困惑。

由于那时的我对近代美国崛起为世界大国的历程特别是其中蕴含的思想资源颇感兴趣,期望能为处在崛起进程中的中国提供历史的镜鉴,故在与导师商议并经同意以后,遂决定以"走出孤立主义:美国对外关系中'国际主义'思想的演进(1871—1921)"作为论文的选题开展研究。

记得在初期搜集资料的过程中,有两本小册子很快引起了我的注意。一本是由伊迪丝·M.菲尔普斯编辑的《门罗主义精选文集》,另一本是由国会图书馆编辑的《门罗主义参考文献列表》。① 考虑到这两本小册子及辑录文章的出版或发表时间,我凭直觉意识到:这些关于门罗主义的论辩文章与我正在

---

① Edith M. Phelps (eds.), *Selected Articles on the Monroe Doctrine*, White Plains. N. Y. and New York City, The H. W. Wilson company, 1915; Library of Congress, *List of References on the Monroe Doctrine*, compiled under the direction of Herman H. B. Meyer., Washington, Govt. Print. Off., 1919.

从事的研究主题高度相关,因而极可能具有较大的学术价值。

然而,在那时,对我这个于美国外交思想史仅有贫乏认知和了解的人来说,在面对这些材料的时候,却陷入深深的茫然与困惑之中:何谓"门罗主义"? 设若"门罗主义"一开始是与1823年詹姆斯·门罗总统的国情咨文联系在一起的,那么,为何19世纪末20世纪初的美国人又会异常热烈地讨论"门罗主义"? 或者换一种提问的方式:当提到"门罗主义"这个词的时候,那个时代的美国人究竟在为了什么而起劲地论辩? 更进一步地,这样的论辩与我的研究之间是否存在内在的关联? 如果答案是肯定的,这种关联的真正意涵又是什么?

这些疑问与困惑长久地萦绕在我的脑海中,虽经苦苦思索,却始终无法找到破解的线索和入门的路径。受其影响,我的论文一度陷入无法向前有效推进的困窘境地。而在当时,我其实没有、当然也不可能清晰而明确地意识到这两者之间竟然有着不易察觉的内在联系。

万般无奈之下,我只好将手中的论文暂时放下,转而另辟蹊径,就美国早期对外干预思想源起及演进的线索进行系统梳理。然而,在从事这项研究的过程中,我意外地发现:美国早期对外干预思想的直接渊源只能从门罗主义——更具体说就是1823年《门罗宣言》——那里去找,于是,当《从门罗主义到威尔逊主义:美国对外干预思想的起源与发展》①一文撰写完毕后,继而又萌生了进一步的疑问与

① 该文刊于《拉丁美洲研究》2021年第3期。

困惑:原初的"门罗宣言"与后世一般所说的"门罗主义"之间究竟有着何种内在的关联?

这是一个真正的学术考验。好在功夫不负有心人,在充分吸收、借鉴前人研究成果的基础上,《一八二三年"门罗宣言"义理发凡——基于话语构造与观念结构的视角》①一文终于成稿。正是经由此文的写作,我才搞清楚 1823 年《门罗宣言》作为原初的"门罗主义"究竟表达了什么,并进而廓清门罗主义在美国对外关系乃至在(作为**政治民族**的)美利坚民族的意识形态结构中所占据的特殊地位。

这时——也只有到这时,当我站在全新的学术制高点上,长久以来萦绕在心中的那些疑问和困惑经由理智之光的照耀,霎时间变得容易理解了。最终,《门罗主义大辩论与"亚美利加"(America)的重塑和再定位(1895—1920)》②为我漫长、曲折而艰辛的读博生涯画上了圆满的句号。伴随困扰我多年的疑与困惑烟消云散,此时的心境,唯以"众里寻他千百度,蓦然回首,那人却在灯火阑珊处"来形容方最恰如其分。

当然,以上叙述绝不是在暗示我的研究已完美无缺或相关结论是真理性的。理由很简单:既然是学术研究,则必定可以争鸣和讨论——更何况,此书讨论的主题异常复杂与宏大,而真正的学术研究却只能是个体视角,但个体的视角难免会

① 该文刊于《政治思想史》2023 年第 4 期。
② 该文刊于《政治与法律评论》第十五辑。

有偏颇。

掩卷沉思,感怀万千。经由深度研读思想文本,无论门罗还是威尔逊的形象在我的脑海里似乎瞬间"活"了起来。某种意义上,今天的我们或许依然没有走出门罗主义及威尔逊主义向时间和未来投下的长长阴影。如果说感悟和聆听历史的脉动是一种伟大的才智,那么,就理解当代美国主导下的自由主义国际秩序或所谓"美利坚治下的和平"的思想观念基础而言,选择詹姆斯·门罗和伍德罗·威尔逊这两个重要美国历史人物的思想文本作为分析聚焦的对象,在学理上应是完全站得住脚的。

原因在于:在门罗与威尔逊背后,实际上有个共同的思想线索——**America**——将二者串联起来,或者换一种更贴切的说法:归根究底,门罗主义与威尔逊主义均不过是对**America**这个核心主题的时代性及个体性阐释而已。

值此书付梓之际,我要由衷地感谢我的导师、南京大学历史学院和国际关系研究院蔡佳禾教授与谭树林教授。蔡老师是著名的美国冷战史专家,学问广博而精深,为人儒雅谦和。他对我的学术探索给予了充分的信任和包容,允许我根据自己的兴趣确定论文选题并自由地把握读书和写作的节奏,但在关键节点上又不失恰到好处的点拨和提醒。谭老师深耕中外关系史多年,学术造诣深厚,为人朴实厚重。在学术人生的起步期,两位老师对我的提携和知遇之恩,我将始终铭记在心。此外,南京大学历史学院和国际关系研究院朱瀛泉教授、朱锋教授、洪邮生教授、郑先武教授等也曾在学术上给予我宝贵的帮助和指导,在此一并致谢。

　　除南京大学历史学院和国际关系研究院的各位授业恩师外,我还要特别向著名学者、中国人民大学文学院刘小枫教授致以最诚挚的谢意。四年前,当刘老师知悉我的研究构想后,马上表示了认可与支持。正是在他的指点、鞭策和鼓励下,我才有充足的信心和勇气去攻克一个又一个学术难关。毫不夸张地说,拙著能以目前的样貌和形态呈现在读者面前,与刘老师融通中西的学术眼光、奖掖后进的长者胸怀及海纳百川的人格气质分不开。不惟如此,刘老师对我的信任、鼓励和宽容也将成为我在学术道路上勇毅前行的不竭动力源泉。

　　在求知问学的路途上,要感谢的师友名单可以列得很长。在此特别致谢周小华、孙灿、仇朝兵、李书剑、王汝良、田密、孙博、王南森、刘强、洪涌清、孙武、章永乐、魏磊杰、刘磊、朱兴和、汪治、刘彬、沈尚武、接剑桥、吕颖等。我还要向《拉丁美洲研究》编辑部黄念老师、《政治思想史》编辑部陈卫明、郭小雨老师及《政治与法律评论》编辑部吴景键博士等致以由衷的谢意。

　　还要感谢上海六点文化创始人、华东师范大学出版社六点分社倪为国先生的赏识,感谢责任编辑彭文曼女士不辞劳苦、严谨细致的编校工作,促使拙著顺利出版。此外,华东师范大学是我的本科母校,"六点评论"系列又是国内公认的知名学术出版品牌,我的第一部学术著作能忝列其中,这对一名出生于川北秦巴山地深处的农家子弟来说,既是荣耀和幸运,也是鞭策和鼓励!

十几年来,为了支持我实现自己的学术理想,夫人朱丽华女士几乎凭一己之力扛起了所有的家庭重担。如果说这些年我取得了一丁点成绩和进步,那么,其中至少有一半包含着她的付出和汗水。13 年前,女儿出生,孩子也是我崎岖坎坷学术道路的全程见证者。正因为有你们的陪伴,漫长而艰辛的学术道路上才有了一抹抹充满希望的亮色。

当然,学无止境,书中错漏、不当之处恐在所难免,所有问题概由本人负责,恳请方家不吝指正。

付文广

2024 年 9 月